民俗学者が歩いて出会った人生のことば

——忘れえぬ38の物語

汽水民俗研究会　編著

創元社

装幀……濱崎実幸
装画……野崎裕子
企画・編集・ＤＴＰ組版……片岡　力

はじめに——聞き書きの旅で出会った忘れえぬ人とことば

民俗探訪の旅はいつも、ほのかな期待と、いくばくかの不安とが入り混じった緊張感から始まります。

行く先にどんな人が待っていて、どんなことを教えてくれるのだろう。来訪を、こころよく迎えてもらえるだろうか。

そうやってたどり着いた先で、抱えていたモヤモヤした思いを一掃する、まるで、快音を上げて飛んでいくクリーンヒットのようなことばを拾ったとき。

あるいは、まったく予想もしていなかった、こちらの勝手な思い込みを一蹴《いっしゅう》する鋭いことばを投げかけられたとき。

そしてまた、心の奥底にじわじわと浸透していく、ぬくもりあることばを受けとったとき。

　ここに来てよかった、この人に会えてよかった、と実感する、至福の瞬間です。高揚感に満たされてたどる帰り道は、来るときと景色が違って見えることすらあります。

　民俗学のフィールドワークは、決して効率のよい作業ではありません。目指す場所に行ったからといって、必ずしも求める答えを得られるわけではない。事前に調べたことが、行ってみたら違っていた、などということは日常茶飯事で、愕然とすることも珍しくはない。手さぐりで、ひとつずつ小石を拾って積み上げていくような、先の見えない焦りとも向き合わなければならない――。

　だからこそ、ものごとの核心をつくことばに巡りあえたときには、目に見えない鉱脈を探りあてたかのような発見と感動があり、それがまた次の旅への原動力となるのです。

　この本は、いずれも民俗学という、フィールドワークを主な研究手法とする分野の仲間六人（川島秀一、車田敦、常光徹、松田睦彦、安室知、山本志乃）が、それぞれの探訪先で出会った忘れがたい人とことばを集めて一冊としたものです。その多くは、語り手との直接の対面から得られたことばですが、一部には、命の証《あかし》を確かに伝える日記の中の声なきことばも含まれています。

仲間の総称である「汽水民俗研究会」の成り立ちや詳細は、末尾のあとがきに譲るとして、一〇年ほど前、ある会合に召集されたことをきっかけに、年代も所属も異なる面々ながら、それぞれの職務を離れたところでなぜか意気投合し、放課後の部活動のような感覚でしばしば顔を合わせてきました。そして、各人のフィールドでのささやかな、しかし印象深いこぼれ話を肴《さかな》に盃をくみかわしているうちに、こうした余話の中にこそ、書いて残しておくべき重要なメッセージがあるのではないかと考えるようになりました。

ここに紹介する三八のことばは、いわゆる人生訓でもなければ、格言めいたことばでもありません。ですが、一見たわいない独《ひと》り言《ごと》のようでありながら、その背景をひもといてみると、じつに多くの学びが潜んでいることに気づかされます。この列島をとりまく荒々しくも豊かな自然環境といかに向き合うのか、身近な家族や仲間とどのように付き合っていくのか、生きるために必要な技術や知恵をどうやって身につけるのか。語り手の内面に刻み込まれた歴史の連なりと深い叡智《えいち》が、そこに息づいています。

聞き書きは、語り手と聞き手との一対一の関係で成り立っています。ここに取りあげたことばも、そうした相互の対話から紡ぎだされたものです。どのことばに心を揺さぶられるかは、聞き手の興味や立場で違うのはもちろんのこと、同じ聞き手であっても、時と場合によって異なることもあります。そういう意味では、その時、その場所、その語り手、そしてその聞き手でなければ生まれなかったことばでもあります。

また、写真も同様に、聞き手それぞれが自ら撮影した、あるいは入手したものを掲載しました。不思議なもので、印象的なことばの主は、写真の中にもたいていその姿を留めています。写真を添えることで、ことばにあらためて命が吹き込まれ、映像のような奥行きと広がりが生まれました。

いうまでもなく、この本は、お話を聞かせてくださった語り手の皆さんがいて初めて形をなしたものです。まずはその方々に本書を捧げ、心からの感謝を申しあげるとともに、これを手にとってくださった読者の皆さんが、列島各地の人とことばが織りなす豊かな情景に思いを馳せ、生きたことばの力強さを感じていただければ幸甚です。

山本志乃

汽水民俗研究会　編著

民俗学者が歩いて出会った人生のことば

——忘れえぬ38の物語

目次

第2章 生きるための知恵

第3章　生きて出会う喜び

第1章
生きるしんどさ

いつもなふたりで晩御飯だ

伊藤増子さん、
大正十四年（一九二五年）生まれ。
元魚アキンド（行商人）。

日本海に面した漁師町の泊《とまり》（鳥取県東伯郡湯梨浜町）。港を見下ろす高台に、増子さんの家はある。

四つ年上の秀政さんは元漁師。戦後すぐ、いとこ半（父母のいとこの子）の増子さんと結婚し、所帯をもった。それからおよそ七十年、ずっとふたり暮らしだ。

増子さんの父親も漁師で、母親は魚の行商をしていた。「アキンドさん」と、このあたりではよぶ。港近くに魚問屋がいくつかあって、母親はそこで仕入れた魚を担ぎ、山陰本線の泊駅から汽車に乗り、二〇キロほど離れた西倉吉まで売りに行っていた。泊は港と駅が近く、戦前からそうしたアキンドさんたちが大勢活躍していた。

増子さんも結婚後、母親にならってアキンドを始めた。行先は、母親と同じ西倉吉。泊のトタンヤで作ってもらったブリキカンに、地元で仕入れた魚を入れ、途中の市場でさらに箱を追加し、大人の男が四人がかりで持ち上げるくらいの荷を背負って汽車に乗る。西倉吉駅に着いてからはリヤカーに積み替えて、歩いて得意先をまわる。はじめのころは勝手がわからず、よく荷を残した。駅まで戻ると、母親が自分の得意先に頼んで、残った魚をうまくさばいてくれた。

半年ほどで、増子さんにもお得意さんができた。どの家に家族が何人いて、どんなものが好まれるか、おおよそわかってくると、それに合わせて仕入れをする。日によってコースを変え、母親に頼らなくても、荷を売り切って帰れるようになった。

ときには、得意先のある一角で、ほかのアキンドとかちあうこともある。

「ここは俺の売り場だぞ、っていいなるけえな、なに言っとるだいな、おっつぁん。お前も免許（保健所の登録証）持っとんなるだけど、おらも鳥取県じゅう売る権利、持っとるだけえな。買う、買わんはこの家の勝手だけえ、お前も来なれ、おらも来るけえ、ってな。負けりゃあせなんだわ」

普段はとつとつと昔語りをする増子さんが、こういう話ではたちまち饒舌《じょうぜつ》になる。聞いているこちらも、つい前のめりになる。

しょうからい、という言葉が、このあたりにはある。性が辛い。向こう気が強くて、負けず嫌いな人のことだ。アキンドさんには、「しょうからタイプ」と「おっとりタイプ」があるというのは、地元の古老にうかがった話だが、増子さんは間違いなく、しょうからタイプである。

私が増子さんと出会ったときは、すでにアキンドをやめて久しかったが、当時のことをとてもよく覚えていて、仕入れ方から売り方、お客さんとのやりとりまで、会話を再現するようにして、じつに詳しく教えてくれた。

はじめのころは、「足が悪くて……」とこたつで背を丸めておられたが、やがて、上半身にギブスをはめないと、体を起こしていることができなくなった。アキンドの重い荷を長年背負い続けたので、腰の骨がつぶれているのだという。そんな増子さんを、年長の秀政さんがいつも気遣っていた。増子さんの腰の具合がよくない日に訪問が重なり、それでもつい興が乗って長居してしまったところ、秀政さんからさりげなく帰宅を促されて、大いに反省したこともある。

その秀政さんは、五十歳くらいで漁師をやめたあと、一時的にアキンドをしていた。それから無線の資格を生かして漁協に勤め、退職後は役場の夜警をつとめた。増子さんがいう。

「私らはな、おとうさん（夫）も私も、だあれもかまってごしもんない（誰も頼りにするものがいない）。何べんも、借り家《かや》をしてまわったです。最初は三畳間ひと間を借りとって、そこで暮らして、ちいと楽になって二階の八畳間

ご自宅にて。みやげに持参した
エプロンを着たところを撮らせてもらった
（2014年12月7日撮影）

だあれもかまって
ごしもんない
何べんも
借《か》り家《や》をして
まわったです

を借りて、そで、こんだ少し楽になって二間《ふたま》ある家を借りて、それから屋敷買って、家建てた。ふたりで一生懸命な。だけえ、親に屋敷もらったわけでもないし、家建ててもらったわけでもない。みんな自分たちでしたです」

家の前の小さな畑には、季節ごとの野菜が丁寧《ていねい》に植えてある。訪ねるとたいてい秀政さんがそこにいて、にこやかに迎えてくださる。その姿を見ると、今日もお揃いだな、と、なんとなくほっとする。

「アキンドやってたころ、昼には家に戻っとった。おとうさんが昼から（役場の夜警に）出なったけえな。四時半ごろに。おとうさんが出かけたら、ご飯作って、五時ごろに弁当作って持っていくですが。ふたりで食うやにな。いっつもな、ふたりで晩御飯だ」

もう何回目になるかわからない訪問を約束していた一昨年の冬、定宿にしている民宿で、増子さん夫妻が施設に入られたと聞いた。秀政さんが体調を崩されたそうで、病院も併設されているからと、ふたりでそこに入ることにしたという。

面会に行くと、増子さんはちょっと疲れた顔で、「おとうさんは病院におって、あんまり会わせてもらえんです」といった。

入院中の秀政さんが回復されたら、施設の二人部屋で住まうことになっているという。同郷の泊の人たちも多く入所していて、さみしくはないらしい。九十歳を過ぎて家にいるよりも、このほうがむしろ安心かもしれない、などと思いながら施設を後にした。

それからさほど間をおかず、秀政さんの訃報《ふほう》を耳にした。結局、入院先から出ることがかなわないままだった。ご親族の話では、葬儀は親戚で執《と》り行い、増子さんは、ちゃんとお別れしたからと、顔も出さなかったという。いかにも気丈な増子さんらしい、と思った。

半年くらいして会いに行くと、増子さんはベッドに横になっていた。「よう来てごしなったな」と起き上がり、「もうな、ここでしまいですわいな」と気弱なことを口にされたが、帰る間際、大きな声で「東京から来てごされた」と皆に紹介してくれた。ご主人のことは一言も語らず、私も何も言わなかった。

一年後の早春、久しぶりに増子さんを訪ねた。今度は介護士さんに付き添われ、自力で面会室まで歩いてきてくれた。

散歩にでも着てもらおうとカーディガンをプレゼントしたら、「あらあ、ハイカラな。色がええが」と広げ、泊の知人の消息などたわいもないことを話していて、ふいに、「おとうさん、亡《の》うなりました」といった。「お前が困らんようにしてやるけえな、って、いつも言ってごされた。けど、ここへ来て、あっという間に逝《い》ってしまった」。いいながら、急にぼろぼろっと涙をこぼした。

気の利いた言葉のひとつも浮かばない。泣き顔は一瞬のことで、すぐに増子さんはいつもの勝気な顔に戻って、「今日、帰るんかいな？　気いつけてな」と私の帰り道を気遣う。ただ手を握って「また来ます」というのが精一杯だった。

施設に入られてからは、もうアキンドの話を聞くことはない。けれども、もっと別の何かを教えられ続けているような気がしている。

それは、ある人の人生に立ち入ったり踏み込んだりした者の責任、といったことかもしれないし、私自身のライフワークとの向き合い方のようなことかもしれないが、今はまだ、よくわからない。ずっとわからないかもしれない。ぼんやりとそう思いながら、次はいつ増子さんに会えるだろうかと、日を数えている。

（山本）

何もかも全部しんどかった

石川県白山市桑島、山口清志《せいし》さん。
昭和六年（一九三一年）生まれ。
山中の小屋での暮らしのこと。

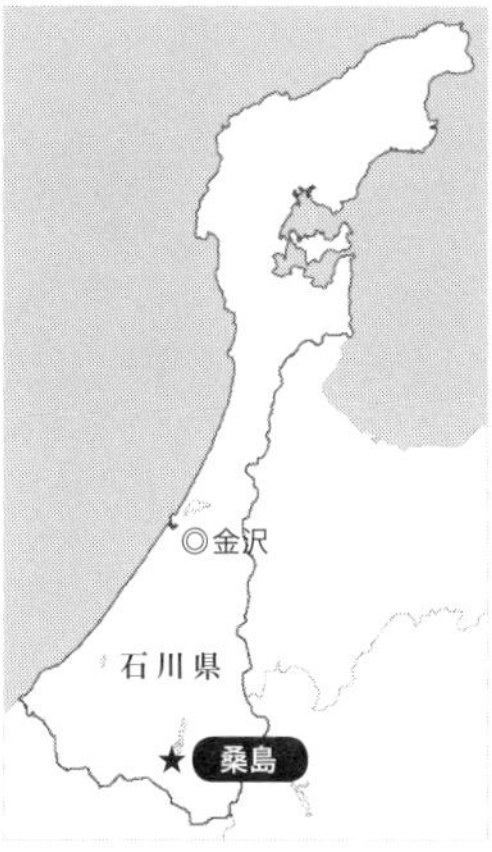

そう答えられてしまっては、もともこもなかった。

昭和四十年ごろまで霊峰白山のふもとでいとなまれていた、出作りの暮らしについて話を聞いていたときのことだ。出作りでは、雪の消える夏の間、山のなかに作られた小屋に住みこんで、焼畑や養蚕、炭焼をしながら生活をする。

山の雑木をきって、そこに火を入れて畑にする焼畑では、ヒエ、アワ、ダイズ、カブ、ダイコンなどが育てられた。急な斜面をひらいた畑での作業は、平地の畑での作業とはくらべものにならないほどの体力を消耗する。

養蚕の季節には、三階建ての小屋のすべてが蚕《かいこ》で埋めつくされた。蚕のえさとなる桑の葉は、山のあちらこちらにひろがる桑畑から、毎日山ほど摘んでかえる。蚕が作った繭は、繭箱《まいばこ》という大きな木箱にいれ、それを二段にかついで白峰村まで歩いた。山越えの道を片道三里（一二キロメートル）、往復で五、六時間の道のりである。

炭焼きも重労働だ。山の雑木は、雪の残るうちにソリで炭窯のまわりにあつめておくが、焼きあがった炭を運ぶのがまたたいへんである。炭は一俵が四貫五〇〇（一五キログラム）。これを五つかついで、白峰村まで一日に二往復はしたという。

こうした出作りの暮らしを十九歳まで続けた山口清志《せいし》さんからひととおりの話をうかがい、最後に私が投げかけたのが、「山の仕事で一番しんどかったのはどの仕事ですか?」という質問だった。山口さんは、都会の若い者にはわからないだろうな、といった表情をうかべながら、こういった。

「何もかも、全部しんどかった。そんな、楽な仕事はひとつもなかったね」

そのとき私は、山の生活のきびしさを実感しないまま放った自分の質問に気がついて、すこし顔がほてるのを感じた。

それでも私はむきになってつづけた。「逆に、これは面白かったという仕事はありますか?」

すると山口さんは、「面白かったっちゅう仕事もあんまり思いあたらんな」、そうつぶやきながらも、ふと思い出したように、こうこたえてくれた。

「まあ何でも、蚕さん飼《こ》うても、完成したときは『ああ、よかったな』思う

アワを刈り取る山口清志さん

楽な仕事はひとつもなかったね

こともあったし、それから、炭焼いとっても、うまいこと焼けたときは『あれ、よかったな』。そんなもんやね」

このとき私は、「肉体的には厳しいけれど、どれもやりがいのある仕事だった」、そんなふうに山口さんが語ってくれるのを、期待していたのかもしれない。けれども、つらいとか、楽しいとか、充実しているとか、人が働くということをそんな単純な言葉で言い表すことなどできないのだ。

現代は、働くということについて、金銭的な対価と精神的な充足がそれぞれ別の目標として設定してあって、そのどちらもが高い次元で満たされることが幸福とされる社会ではないだろうか。けれども、民俗学者の柳田《やなぎた》国男（一八七五―一九六二年）の「労働を生存の手段と迄《まで》は考へず、活きることは即《すなわ》ち働くこと、働けるのが活きて居る本当の価値であるやうに、思つて居たらしい人が村だけには多かつた」（『都市と農村』一九二九年）という文章を思い出すとき、現代社会で幸せを求めて生き、働くことの息苦しさを感じずにはいられない。

（松田）

手間がいたましい

女川《おながわ》のコンブヤさん夫妻。ともに八十代。
市《いち》をまわる移動商人。

十日町、七日町、八日町——。全国にあまたある、日を冠した地名。かつてその日に市《いち》が開かれていたことの名残《なごり》だ。

古川（宮城県大崎市）には、三日町、七日町、十日町と、三つも市にまつわる地名がある。旧奥州街道の宿場町。人と物とが集積する、交通の要所である。

四百年の歴史があるという古川の八百屋市《やおやまち》は、四月から六月の三と七のつく日に開かれる。東北の市は朝が早い。前夜、ＪＲ古川駅前のビジネスホテルに宿をとり、翌朝うっすらと明るくなったころを見はからって外に出た。平成二十七年（二〇一五年）五月下旬のことである。

十日町の大通りから脇道を少し入った熊野神社の境内に、二十店ほどの露店が見える。八百屋市の名のとおり、野菜や花、苗物などの農産物が並ぶ。地元住民のための、素朴な市だ。

少し昔の話が聞けないものかと見渡して、カラフルなパラソルが目にとまった。年配のご夫婦が店番をしている。台の上には、蓋《ふた》を広げたダンボール箱。その蓋が値札を兼ねていて、「三陸産　極上若メ」「ふのり　30ｇ　500」「チリメン　500」「とろゝ　70ｇ　500」などと手書きされている。海産物を扱う店のようだ。

まずは財布を手に、買い物である。先客がワカメを計量してもらっている。皿の上に山盛りになった、黒々としたワカメ。これで一〇〇〇円。私も頼むことにした。ご主人が皿にワカメを盛りながら「岩手のワカメだからね、品物がぜんぜん違うから」と自信たっぷりに説明してくれる。同じ三陸産のワカメでも、とれる場所によって味わいが違うらしい。

常連客ばかりが集うこうした市では、どんなに平静を装っても、一目でよそ者とわかる。ここでも、単なる買い物客ではないことを早くも見抜かれていたようだ。「どこから来たの?」とあっさり聞かれてしまった。

隆男さん（仮名・昭和九年生まれ）と悦子さん（仮名・昭和十一年生まれ）ご夫婦は、古川八百屋市に出店を始めて、もう五十年以上になるという。女川《おながわ》（宮城県牡鹿郡）の出身で、ご主人は元タクシー業。奥さんの実家は漁師。昭和三十五年（一九六〇年）のチリ津波のあと、タクシー業をやめ、奥さんの実家で作っていたワカメやコンブの商売を始めた。

古川をはじめ、仙北《せんぼく》地方と総称されるこの一帯では、今でも市が盛んだ。小牛田《こごた》（美里町）や涌谷《わくや》では日曜朝市。若柳（栗原市）の朝市は一と六のつく日。暮には正月準備のための歳市《つめ》。お盆の頃には盆市。そして、互市《たがいち》という この地方独特の市が、春と秋の年二回、各地で順次開かれる。おふたりはこの五十年あまり、それらをまわって商売を続けている。それぞれの市には長年の常連客がいて、「コンブヤさん」の名で通っている。

近隣だけではない。山形の初市は、一月十日の市内中心部を皮切りに、周辺各地で日を違《たが》えて行われる。旧暦でも同じように行われるので、一月と二月はそれぞれ十日間ほどをかけて、泊りがけでまわる。最近では行かなくなったが、以前は福島や栃木、そして東京や埼玉へも行くことがあった。

いわゆるテキヤとは違う。「わたしらはシロウト」だというが、露店で商売をする人たちの組合があり、そこに所属して場所を割り当ててもらう必要がある。地元以外で商売するときにもそれなりのルールがあって、「こっちのオヤブンさんが、むこうのオヤブンさんに、おらとこのいとこさ行ぐからよろしく、って紹介してくれる」のだそうだ。

商売を始めてまもなく、女川の港近くに店を持った。金華山参りの人たちが各地から大勢やって来て、みやげを買い求めていく。猪苗代から来たグループが船に乗りそびれ、朝まで一晩じゅう店で休ませてやった。それが縁で、今でも毎年頼まれて、その人の家に品物を持って出向くという。

平成二十三年（二〇一一年）三月十一日、東日本大震災の津波で、店も自宅も流された。

ちょうど、三月十五日から岩沼（名取市）の竹駒神社の初午《はつうま》大祭が始まるというので、その準備がしてあった。竹駒神社は各地に分社があり、信者が団体を組んでやってくる。一週間続く、大きな祭礼市である。北海道のグループはコンブを、会津のグループはマツモを、毎年たくさん買ってくれる。箱で仕入れた商品を何日もかけて小分けにし、例年通りの準備を整えた矢先のことだった。

奥さんの悦子さんがいう。

「トラックごと、すぽーんと流された。手間が、いたましい」

いたましい、とは直訳すれば「もったいない」とでも言うのだろうが、それでは言いつくせない思いがにじむ。こつこつとコンブやマツモを小分けにする手作業に、五十年かけて築いた小さな商売の軌跡が重なる。それらが一瞬にして消え失《う》せた悔しさ、虚しさ、やるせなさ……。

被災後一週間くらいで、ようやく携帯電話が通じるようになった。まず

山形市の旧暦初市にて
(2016 年 2 月 17 日撮影)

トラックごと すぽーんと 流された

は、八百屋市の商売仲間に無事を伝えた。その人がすぐに古川で貸家を探してくれて、住めるように手配してくれた。

それから半月ほどたった四月一日、花泉（岩手県一関市）で開かれる互市に、被災後初めて行った。ここも五十年以上店を出してきたなじみの場所だ。自動車とガソリンを譲ってくれる人があり、商売としてではなく、無事な姿を見せに行った。

「三箱だけ残ったワカメ持って、食べてけれ、ってひと盛りずつごちそうした」

すると、商店街の店の人やお客さんたちが、次々と見舞金をくれた。それを元に、商売を再開することができたのだという。

「このハカリがひとつだけ残った。また、商売しなさい、っていうのかと思って……」

家や店は津波で流されても、積み重ねてきた人と人とのつながりは、流されることはなかった。最盛期の半分にも満たないが、復興途上にある石巻の問屋で仕入れをし、こうやって商売を続けている。

いつのまにか、パラソルの下で、悦子さんの隣に座らせてもらっていた。

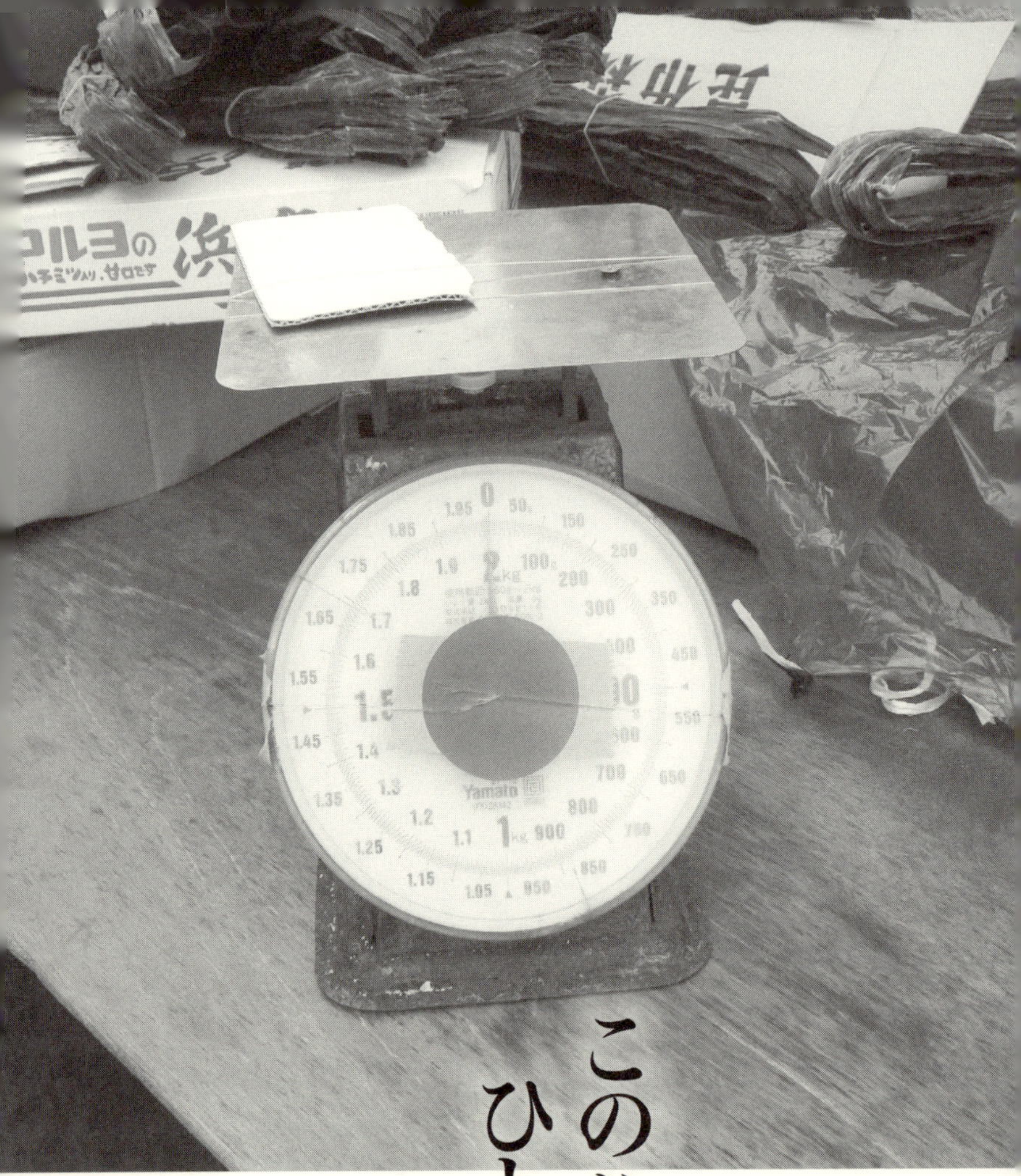

このハカリがひとつだけ残った

秤は昔から荷縄の連雀（れんじゃく）とともに商人の象徴
その真髄は今も受け継がれている
（2016年11月23日撮影）

市は、店の外から見るのと、内側から見るのとでは、まったく景色が違う。向かいの八百屋さんでも、店の裏で何人かが談笑中。だれが店主でだれがお客さんなのか、見分けがつかない。そのうち、隆男さんがアイスクリームを持ってきてくれた。向かいの八百屋さんにも差し入れる。太陽が高く昇り、初夏の日差しが眩《まぶ》しい。早朝から始まった朝市も、そろそろしまいの時間が近づく。

「あした（日曜日）は小牛田の朝市。そのつぎは若柳、それからまた古川……」

これから秋口までは、定期市の盛り。それが終われば、晩秋の互市シーズン。そして厳しい冬の時期になると、山形に出向いて初市をまわる。

私も、うかうかしてはいられない。おふたりが商売を続けるかぎり、できるだけ追いかけてみよう。

そう心に決めて、ちょうど二年ほどになる。仮住まいの住所も、電話番号も聞いていないが、市に行ってみると必ず会える。足を運びながら、自分を試すような気持ちになってくる。いや、試されているのかもしれない、とも思う。その先に何があるかは、まだ見えてこない。

（山本）

海は人を殺しもするが生かしもする

赤沼ヨシさん。大正六年（一九一七年）生まれ。
東日本大震災後の仮設住宅で。

岩手県宮古市田老《たろう》の赤沼ヨシさんは、昭和八年(一九三三年)と平成二十三年(二〇一一年)の、二度の大津波に遭った方である。高台のホテル「グリーンピア田老」の前の仮設住宅で、津波の話をうかがった。紙製の太い紐を組み合わせて、バスケットや小物入れを作っていた最中であった。

実家の父親の佐々木丑松《うしまつ》翁からは、いつも津波のときは「歩ける子は背負うな」と語られていたという。父親が昭和の津波のときに実見したことを語ったものであった。

地震の後、津波を避けるために、皆が赤沼山へ向かって逃げていたときのことであった。地が揺れたショックで馬が道路に真横に倒れてしまい、避難の妨げになり、人々がその前で右往左往していた。そのとき、子どもが道路の脇の、水の少ない堰《せき》にポンと下りて、まっしぐらに山へと駆けていった。「歩ける子どもは背負わないほうがよい。逃げる場所さえ指させば、そこまで行くものだ。子どもはむしろ賢いものだ」と、父親は、よく家族でイロリを囲んでいるときなどに語っていたという。この教訓は、子どもを背負ったまま、二名が同時に被災することを避けるためのものでもあった。いわゆる「津波てんでんこ」の内実である。

ヨシさんは、昭和八年の津波のときは十五歳の少女であった。地震の後、父親から「着物を着て寝てろ」と言われ、持って逃げるためのカバンを出しておいて寝ていた。その三月三日は、田老沖はサガ（メヌケ）が大漁で、舟子《ふなこ》たちは地震の後、サガ舟に乗るために、浜に下っていったところ、水がみるみる引いていった。それを見た舟子たちは、村へ向き直して、「津波が来《く》っつぉう！」と大声で叫び、ヨシさんたちも赤沼山に逃げたわけであった。下駄履きで外へ出たが、途中で裸足になって速足で逃げた。

津波が過ぎ去った翌朝は、お寺の前に遺体がマグロのように並べられて、ムシロを被せられていた。身内を失《な》くした者たちは、そのムシロを一枚一枚上げて捜していた。誰ともわからない遺体は、穴を掘って埋め、「無縁仏」にした。

ヨシさんたち一家は、海端へ行って板を拾い集め、元居た同じ場所に仮屋を立てた。朝鮮から出稼ぎに来ていた人たちは、そば屋や飲み屋を始めていて、反物などを持っていた。それと海草やスルメ（イカ）と物交《ぶっこう》（物々交換）をしたり、お金に換えたりして、少しずつ蓄えていった。

津波前はメヌケやイワシが豊漁であったが、津波の後は、イカがスカ（浜

海が米の代わりに
イカを釣れるようにして
人を死なせないように
したんだべば

作ったばかりの小物入れを見せる赤沼ヨシさん（2014年11月3日撮影）

辺）に寄り、釣れに釣れたという。ヨシさんは、「海が米の代わりに、イカを釣れるようにして、人を死なせないようにしたんだべば」と語った。

三陸沿岸に生きてきた人たちは、何度も繰り返して津波に遭いながらも、そこを去るということはしなかった。それだけ、海そのものを信頼していたからである。ヨシさんは、独り言《ひとごと》のように、先と同じ内容の言葉を繰り返した。「海は人を殺しもするが、生かしもする」。震災から五年後の二〇一六年（平成二十八年）、ヨシさんは、その言葉を私の心に残して、一世紀に近い生涯を閉じた。

（川島）

どんなもんでもお客さんが欲しいものを作る

千葉久さん、昭和六年（一九三一年）生まれ、鍛冶屋。

台市岩切で開業した鍛冶屋で鉄を打ち続けている。

「どんなもんでも、お客さんが作ってほしいものを作ること。これが、野鍛《のか》冶《じ》、職人としての心意気だ」と、千葉さんは昭和二十七年（一九五二年）に仙台市岩切で開業した鍛冶屋で鉄を打ち続けている。

千葉さんは、終戦後の昭和二十年（一九四五年）十月、十四歳の時に仙台市長町の安達源吾鍛冶屋に弟子入りした。師匠は、鍛冶屋としては「郷六鍛冶」の系譜をひく四代目にあたる。「郷六鍛冶」のマサカリというと、東北一円はもとより、北海道まで名が聞こえる「仙台型」と呼ばれる型があった鍛冶屋だ。七年間の修業後に、師匠からマサカリを授かったことで、自分が「郷六鍛冶」五代目を継いだことになるという。

製作している製品は、各種包丁、鉈《なた》、草刈鎌など各種鎌、ツクシ（和菓子道具）、小カッツァ（草削り）、中カッツァ、鋤《すき》などの農具を主として扱い、お客さんの注文に合わせて打てるものは何でも作った。

独立したての頃は鎌類を中心に製作してきたが、除草機の普及により製品としての注文が下降することを懸念し、いろいろアンテナを張り巡らせていた時、知人の紹介から塩釜の魚市場につながりを持つようになったとのこと。昭和三十年頃からは塩釜魚市場のマグロ屋を中心に魚加工用の包丁を打つようになり、固定客が増えていった。時には静岡県焼津市の水産業者がマグロ包丁を注文してきたこともあった。

昭和三十五年（一九六〇年）からは、特別史跡多賀城跡の発掘調査が開始したことで、発掘調査に使用する道具の注文が入るようになり、県内各所に注文が広がっていった。

今では千葉さんの打つ特徴的な製品といえば、もっぱらマグロ包丁と発掘道具だ。

製品の販売に関しては、仲卸を通さず、製作販売という形態をとり、昭和二十九年（一九五四年）に

七年間の修業後に師匠からマサカリを授かった

仕事場で温まる千葉さん夫婦

結婚してからは奥さんが製作の手伝いの傍《かたわ》ら、自転車で各家々を回ったものだという。これが長く続けられた要因だと千葉さんは語る。

製品販売したお客さんのアフターケアも大事な仕事で、包丁など頼まれれば一般の刃物研ぎもやっていたそうだ。

千葉さんは、弟子をとらずに仕事を続けているため、「郷六鍛冶」としての伝承は途絶えてしまう。息子に跡を継がせなかったのは、職人として朝から晩まで働いて、ほぼ毎日休みのない生活な上に、同じようにやれる保証もない職業を無理強いさせられなかったからだという。

「どんなものでも、お客さんが作ってほしいものを作ること。これが、野鍛冶、職人としての心意気だ」と語る言葉には、本物の職人としての心意気が滲み出ている。

仕事の合間に、二カ月に一回は、奥さんと二人で温泉旅行をするのが楽しみだと話す笑顔が忘れられない。

（車田）

台風という自然とどう付き合うかということが大事なのだ

山畠貞三さん、七十一歳。漁師。
沖永良部島・田皆《たみな》岬で。

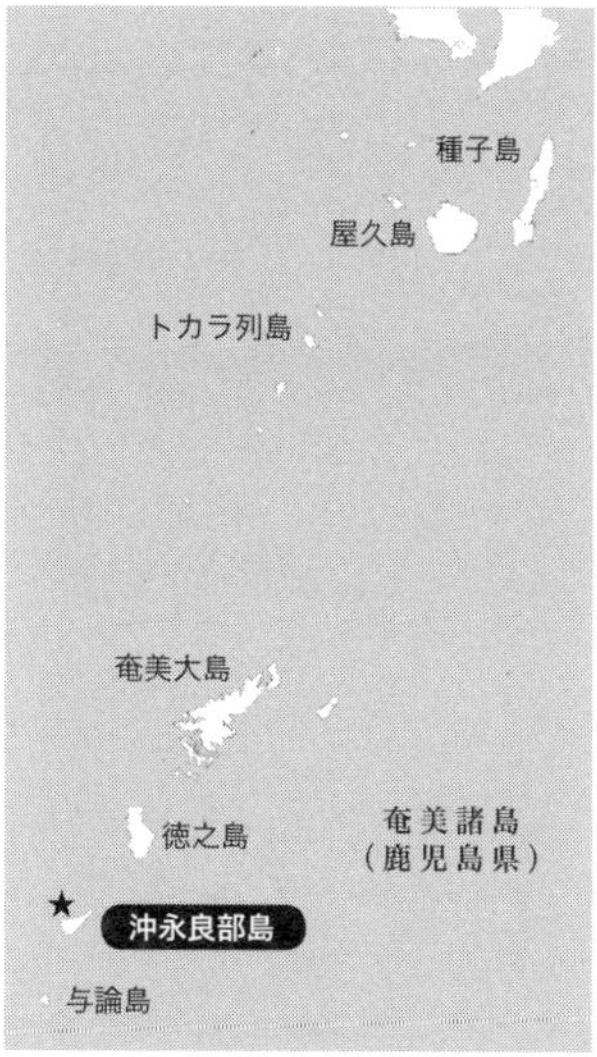

私が東日本大震災で被災してから、初めて涙を流したのは、震災後の六日目に携帯電話が通じたときであった。入れられていた留守電の相手に、一人一人返していったが、鹿児島県奄美群島の一つ、沖永良部島の漁師の山畠貞三さんに、こちらが無事だったことを伝えると、彼は途中から突然と泣きはじめて、私も不覚にも、もらい泣きをしてしまったのである。

後で聞いた話だが、貞三さんは震災後にテレビで気仙沼の映像を見て、私が海のそばに住んでいると聞いていたから、おそらく駄目だろうと、肩を落としていたという。そんなときに、もし携帯がつながらないときは留守電だけでも入れておいたらと勧めた友人がいて、そのとおりにしておいた。私からの電話があったとき、周囲の連中は「やったーっ！」と叫んで喜んでくれたという。

そのような心配をいただいた山畠貞三さんと沖永良部の国頭《くにがみ》の人たちに、いつかは元気な姿を見せに行きたいと念願していたのだが、震災から二年半を過ぎ、そのときの御礼を兼ねて、ようやく再会することができた。

さらに、エラブ（沖永良部島）へ行く理由がもう一つあった。貞三さんは、昭和五十二年（一九七七年）、島に壊滅的な被害を与えた「沖永良部島台風」

のときには、三重県で所帯をもって働いていた。この自然災害を機に、故郷のために働こうと一念発起して、家族を説得して妻子と共に島に帰ってきたのである。

このような島民は貞三さんだけではなく、台風後は島の人口が増えたという。台風からどのような復興を果たしたのか。再会での積もる話とともに、学びたいことも多くあった。

山畠貞三さんは、六年前と比べて頭に白いものが目立つようになったが、持ち前の元気と明るさは変わらなかった。今でも潜水漁を行っている、タフなベテラン漁師であるが、私が到着する前の晩に、右足をドアに勢いよく挟んで、二二針を縫うという大怪我をしていた。それでも包帯の見えるサンダル履きで、沖永良部空港に私を迎えに来てくれていた。

貞三さんは語った。「台風さえ来なければ、サトウキビの収穫は倍になる。しかし、これで台風が来ないとなると、海の温度が高くなってサンゴ礁が白化して死んでしまう。プランクトンが発生するサンゴ礁がなくなれば、島に寄る魚はいなくなる。台風という自然とどう付き合うかということが大事なのだ」。海と直接に付き合ってきた潜水漁師の意見である。

いつもはイセエビを捕るために海に潜る
フーチャの岩に立つ山畠貞三さん
（2013年9月14日撮影）

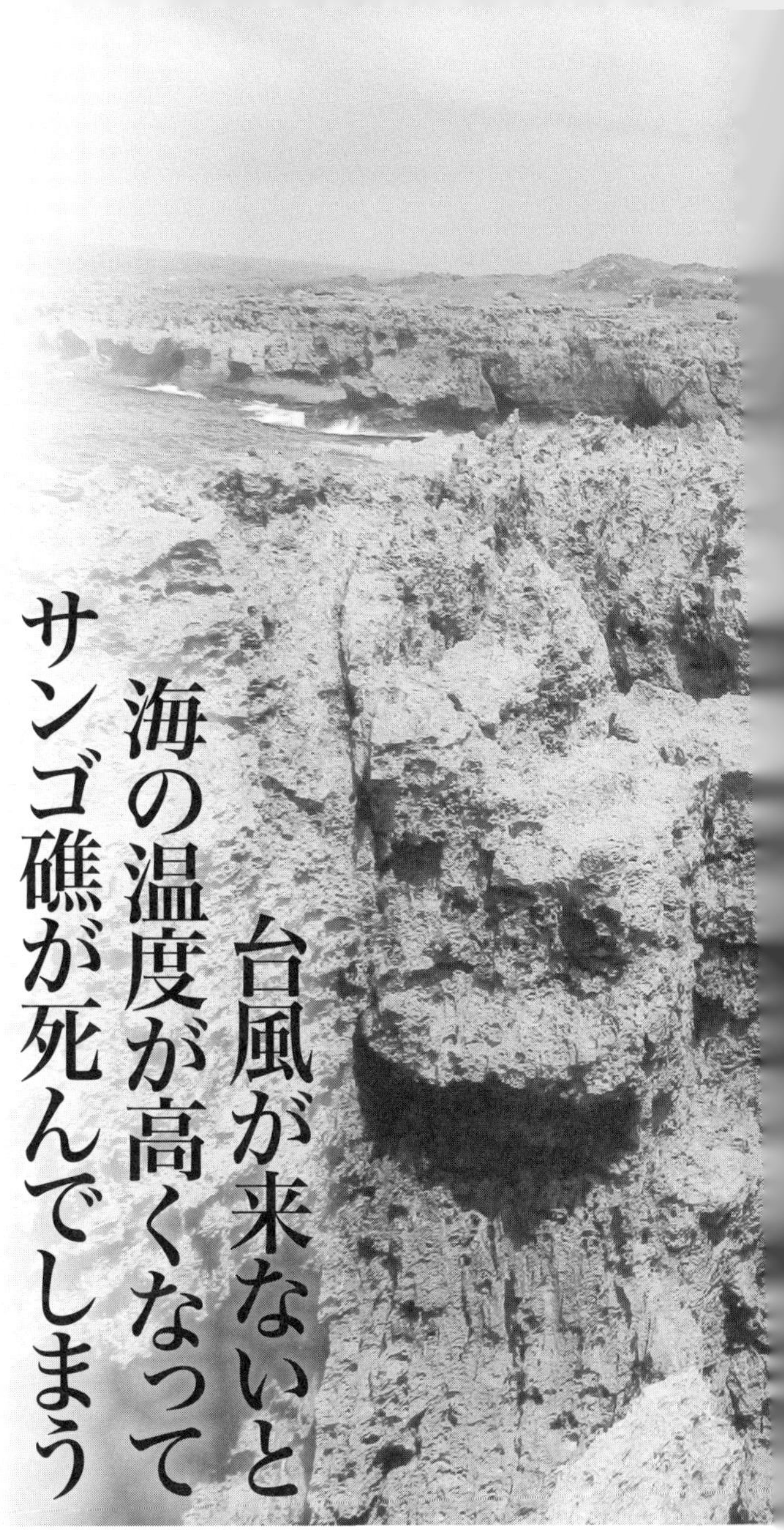

台風が来ないと海の温度が高くなってサンゴ礁が死んでしまう

このエラブでの二日間は、足を怪我された貞三さんと、運転を交替しながら島をぐるりと回った。貞三さんは、この周囲五〇キロのエラブの沿岸をすべて潜って知っている。いつもは海から近づいて、潜ってイセエビを捕る、フーチャと呼ばれる潮吹き洞窟にも連れてもらった。

田皆《たみな》岬は断崖絶壁の岬で、小さな灯台があるだけの静かなところである。海から吹く涼しい風のなかで、貞三さんはポツリポツリと身の上を語り始めた。中学を卒業する半年前に、病弱の母と二人、島を離れなければならなかったこと。大阪の病院にいる母親と文通しながら、新聞配達のアルバイトで生活をしていたこと。病院から母親が亡くなったという一通の手紙が届き、骨を引き取りに行ったこと。

私が津波で母親を亡くしたことを知ったためであろうか、貞三さんのように深い付き合いをしてきた全国の漁師さんたちは、誰もが皆、親たちとの関わりを私に語り始めている。この年になって初めて聞く話、あるいは耳をそばだててしまう話がある。

フィールド・ワークは、聞き手が若ければ若いほど良い話が得られるものと確信していたが、そうばかりは言えないのだろう。震災を経たことで、この台風の島であるエラブと一人の漁師さんに、また一歩近づいたような気がした。

（川島）

台風という自然と
どう付き合うか
ということが
大事なのだ

みんな兄貴に逃げられたんよ

愛媛県今治市宮窪町、村上利雄さん。
昭和二十二年（一九四七年）生まれ。
若者の残れる島をめざして。

「小さい時からの、親は長男に、クド（かまど）の灰までお前のもんやけん、いうていい聞かすんよ。そうせんとの、みんな、こんな田舎の島になんか居りたくないやんか。出て行ってしまうけん」。村上利雄さんがそう語ると、展望公園の掃除にやってきたほかのおじさんたちも、「昔はそがいなかったのー」とうなずく。

利雄さんは伊予大島のNPO法人「能島《のしま》の里」の中心メンバーだ。この大島周辺の海を舞台に活躍した村上水軍の歴史を活かした町づくりをしようと、宮窪町役場の職員だった時代から仲間と一緒に活動してきた。五丁櫓《ろ》の小早船《こはやぶね》を再現して「水軍レース」を開催したり、観光客を漁船に乗せて海賊の島をとりまく激しい潮流を体験させたり、瀬戸内海の絶景を見渡す喫茶店でシーフードカレーを売ってみたり。

もちろん、利雄さんひとりの力でできるようなことではない。「とっさんのいうことやけん、しかたないのー」。そういいながら、町役場や漁協、そしてまわりの仲間が協力して、いろいろなアイディアをかたちにしてきた。

利雄さんの思いはただひとつ。若い衆が残って暮らせる町にせないかん、ということ。若者が島を出たいという気持ちはよく知っている。だから昔から「クドの灰まで」といって、まずは長男から引きとめてきたのだ。「せやけどの」と、利雄さんが話をつづける。「百姓しもって親の面倒を見るのが嫌なもんやけん、長男から順々に島を出ていくやんか。そうすると、最後に残された弟が家のあとをとるようになるやろ。みんな兄貴にだまされたんよ」。そういって、NPOメンバーのおじさんたちを見回すと、何人かが控えめに笑った。

宮窪では、跡とりのことを「かかり子」というそうだ。親が年老いてから世話になる子、という意味。だから跡とりがいないことを「かかり子に困る」という。跡とり息子なんていうと、優遇されているようにも聞こえるが、親の都合で「かかり子」などと呼ばれてしまえば元も子もない。

「このマーくんなんかの」、そういって利雄さんは、一人の同級生をつかまえた。「小学校のときはよう勉強ができて、天才やったんぞ。それが、親父に百姓仕事でこき使われて。それで気づいたら普通の人になっとったんよ。ある晩、マーくんのところに行ったら、家におらんけん、どうしたんかと思うたら、月の明かりでタバコの茎を畑から抜きよるんよ」。そういうと、利雄さんはケラケラと笑った。すると、当のマーくんも笑いながら、「勉強なんてさせてもらえなかったからね」と、東京弁で相づちをうつ。百姓仕事がいやで島を飛び出して、東京で働いていたマーくんも、今は島に戻って暮らしている。

小さい時からの親は長男に

クドの灰まで お前のもんやけん いうて いい聞かすんよ

村上利雄さん（左）と名古屋で暮らす弟の丈二さん（右）

かくいう利雄さんは長男で、島の高校を卒業して町役場に就職。市町村合併で、定年までの数年を今治市役所に通ったが、住んでいたのはずっと大島である。島を出るのがとにかく嫌いで、日ごろの行動範囲も、遠くて松山まで。私の結婚式に来てもらって以降、何度さそっても東京に遊びに行くとはいってくれない。「都会は恐《おっと》ろしいけん、行きゃへん」というのだが、旅行が好きな奥さんにはそれが不満である。

昔から、瀬戸内の島の暮らしは、島に残ることと島を出ることとの相克のうえに成りたってきた。島に人が余った時代もあれば、不足した時代もある。その背景にはいつも、その時代ごとの大きなうねりのようなものがあって、それにあらがうのは容易ではない。それでも、利雄さんたちが瀬戸内の島の宿命に立ち向かう姿は、少しずつ若者の心を動かしている。　（松田）

全部済み

中村武夫さん（明治四十三年生まれ）の農家日誌は、約三十年間に及ぶ膨大な生活の記録である。その中でところどころ目を引く文字があった。罫線を無視したひときわ大きな字で書かれているのが「全部済み」の文字である。

中村武夫さんの農家日誌は、昭和二十六年（一九五一年）から同五十四年（一九七九年）まで、約三十年間ほぼ毎日記されている。この農家日誌は、山口県川上村（現、萩市川上）に暮らした一軒の農家が戦後の高度経済成長期をいかに生き抜いてきたかを如実に示している。また、それは、日本の高度経済成長が農を中心とした中山間地での生活に与えた影響を知る手立てともなる。

日本の場合、全国的には、農業の機械化は高度経済成長期の昭和三十年代に始まっている。農家日誌のページを追ってみると、中村家の場合には、少し遅れて昭和四十年代になってから、ほぼ五年おきに三つの波を伴いつつ、急速に農業の機械化が進んだことがわかる。

最初に機械化の転機となるのが昭和四十二年（一九六七年）。この年は中村家がはじめて耕耘機を購入した年である。そのために、農協から融資を受けている。また、ディーゼル発動機の買い換えをおこない、収穫後の米の調製に使用するようになっている。このほかにも、農薬散布などに使う動力噴霧器を購入しており、全体として一気に農業の機械化が進んでいる。

注目されるのは、農業の機械化と呼応して、昭和四十二年には、化学肥料

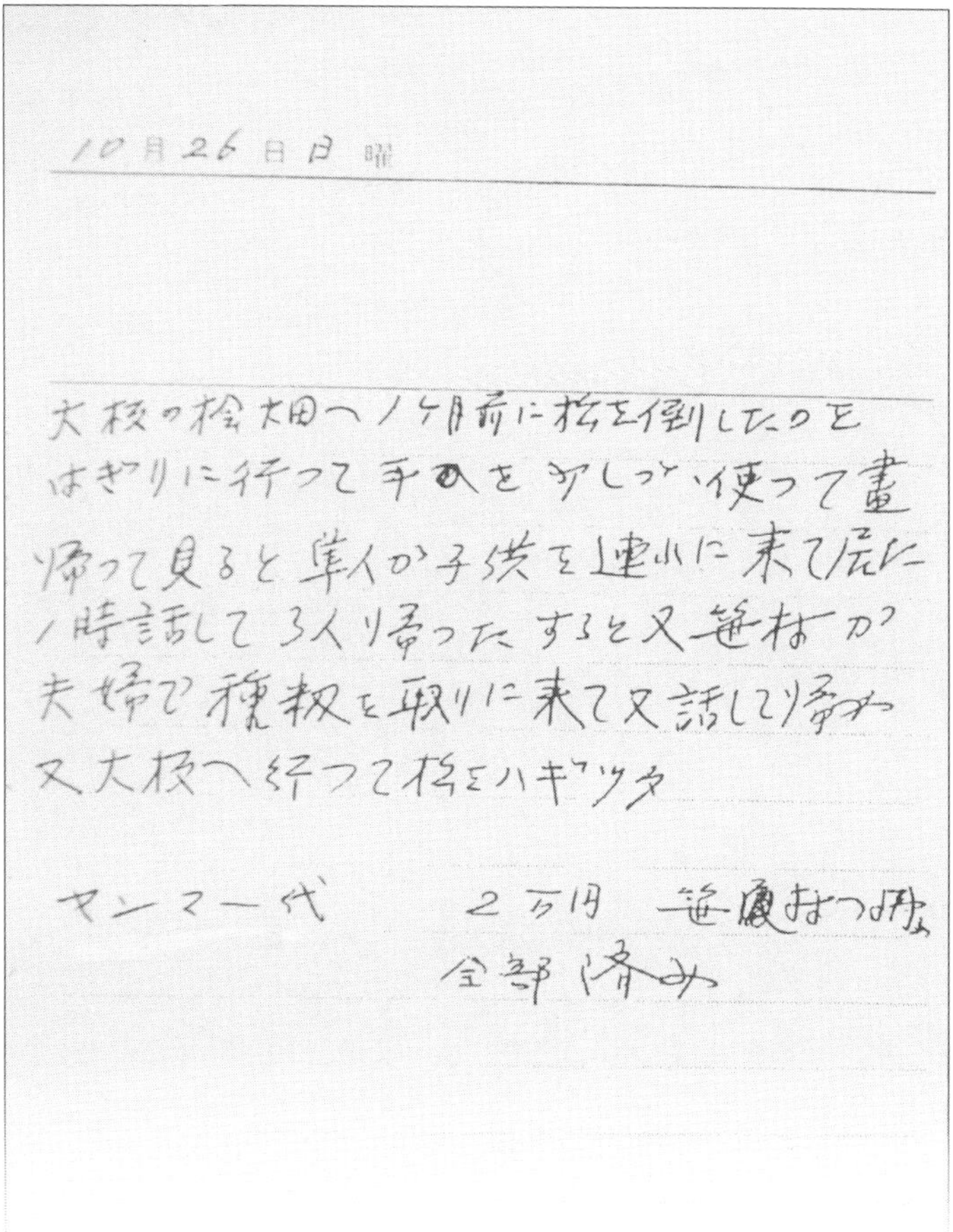

10月26日日曜

大杉の桧畑へ1ヶ月前に杉を倒したのを
はぎりに行って手斧を少しづゝ使って昼
帰って見ると隼人が子供を連れに来て居た
1時話して3人帰ったすると又笹村が
夫婦で種籾を取りに来て又話して帰った
又大杉へ行って杉をハギッタ

ヤンマー代　2万円　笹原まつ殿
全部済み

昭和44年（1969年）の農業日誌。その日一日の仕事内容と家族の様子や家の出来事が記されているが多量に使用されるようになっていることである。たとえば、耕起や田植、除草といった稲作の作業工程に応じて化学肥料が田に入れられるようになっている。

また、次の転機となる昭和四十七年（一九七二年）は、稲刈機が中村家にはじめて登場する年である。すでに耕耘機や発動機また乾燥機などにより、稲作作業の耕起・代《しろ》掻《か》きと調製段階の機械化が進んでいたが、ここに至り収穫作業にも機械が導入されたことになる。また、この年は、農薬の除草剤がはじめて用いられた年でもあり、除草作業も人手が大きく軽減されている。

さらに、次の転機となる昭和五十二年（一九七七年）には、田植機と籾摺機《もみすりき》が導入されている。田植機の導入はそれまでの田植え作業にかかっていた日数を大きく減少させることができた。また、この年、耕耘機は約四十万円をかけてより高性能のものに買い換えられた。さらに籾摺機の登場で、発動機を用いた臼引きの作業は必要なくなった。そのため、田で脱穀まで済ませた

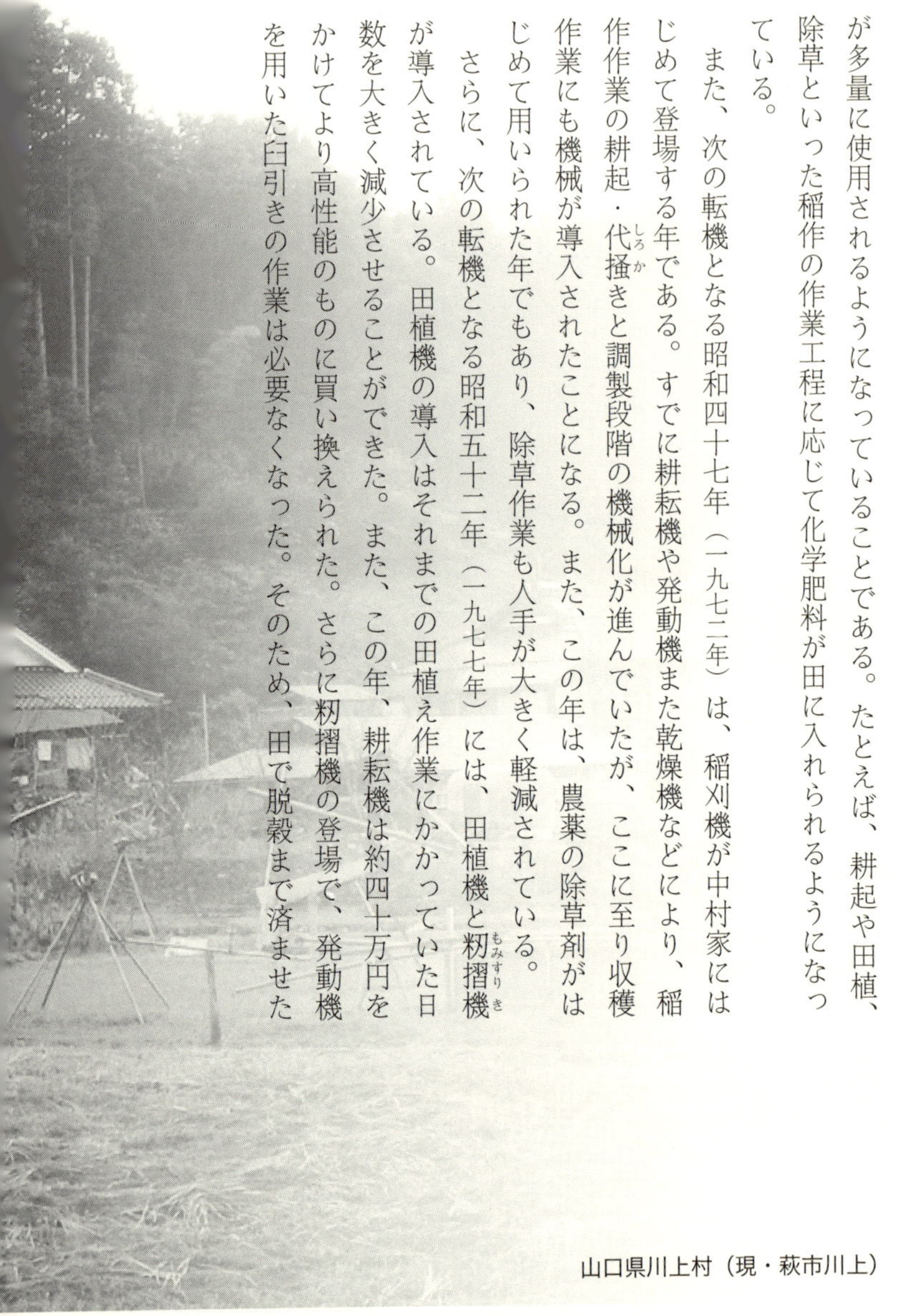

山口県川上村（現・萩市川上）

ひとつの農機具の代金を
「全部済み」としたとき、
ひときわ大きな字で
そのことが記されている

籾を車で家に運んで乾燥機と籾摺機にかけることで、調製作業のさらなる機械化が一気に進んだ。

こうした農機具のほとんどは、長いと数年にも及ぶ分割払いで購入されている。高度経済成長期を生きた農家にとって、そのことの意味は大きい。中村家でも農協や村役場から購入資金を借りており、農家が借金をして農機具を購入するという方向性は官民挙げて推し進められていたことがわかる。昭和三十年代から四十年代という時代は、日本の工業発展の流れに乗って、農家は農機具を買い揃えてはまた買い換える、そうしたサイクルの中に否応なく巻き込まれた時代であったといえよう。そのため、農家はたえず借金を抱えることになり、その代金を月賦で払い続ける生活を余儀なくされていたのである。

農家日誌にはさまざまな農機具を購入したときのことが少し誇らしげに書かれている反面、その月々の払いが重い現実としてやはり何カ月にもわたって細大漏らさず記されている。それだけに、ひとつの農機具の代金を完済したとき、ひときわ大きな字で「全部済み」と記されているのは、それがまさに中村家にとっての一大事だったことを物語っている。

（安室）

欲がからんでくるけん覚えるのは早いわいね

愛媛県今治市宮窪町、村上安直さん。昭和二十三年（一九四八年）生まれ。石材の採掘を手がける職人の一か八かの勝負の話。

飯炊きのような下働きからはじめて、簡単な作業を少しずつ任されるようになり、最終的にすべての作業をひとりでこなせるようになるのにおよそ五年。そのあと一年間のお礼奉公をすませれば晴れてひとり立ち。これが、日本の職人が一人前に成長するまでの道のりであり、徒弟制というものだ。船大工も、家大工も、左官も、石屋も、職人さんたちはこれまでみんな、そう教えてくれた。

もちろん、ごくまれには標準コースをはずれる職人もいる。あまりにも親方の人づかいが荒いので年季が明ける前に飛び出したとか、ほかの親方に見込まれて引き抜かれたとか。でも、それはあくまでも特別な事情によるもので、やはりきちんとした技術を身につけるには五年は必要なのだろう。私は単純にそう理解してきた。

ところが、ある職人さんは正反対のことを言ったのだ。

それは、愛媛県今治市で大島石と呼ばれる石材の採掘を手がける村上安直さんに、この仕事をはじめたきっかけや仕事の苦労などを聞いていたときのことである。

昭和二十三年（一九四八年）生まれの安直さんは、中学校を卒業するとすぐに、石材採掘現場で石運びの手伝いをしたり、杜氏《とうじ》集団に加わって酒造りの手伝いをしたりするようになる。しかし、そのときにしみじみと感じたのは、他人に雇われるのはもう嫌だということ。安い賃金でこき使われる。理不尽なことも言われる。

そんな状況から抜け出すために、安直さんは親から借金をして三輪ダンプを買う。そのダンプで山にあがり、ひとつ百円の護岸工事用の石を百個買って荷台に積みこみ、工事現場でひとつ百三十円で売ったのだ。一回の利益が三千円。多い日にはこれを六往復。単純計算で、一日の稼ぎは一万八千円ほどになる。職人の月収が五万円、給料取りで三万円という時代に、安直さんの月の収入は四十万円を超えることもあった。

しかし、ひとつ五〇キロもある石を、一日に五百個も六百個も手作業でダンプに積みこむ仕事が長続きするはずがない。安直さんはこの仕事で稼いだお金と、「家の財産をすべて売っても払いきれないほどの借金」をつぎ込んで、六百坪の山と新品のブルドーザーを買い、石材採掘業をはじめた。

しかし、そのときの安直さんには石材採掘の技術がない。借金を抱えた身ではのんびりと修業もできない。では、どうしたのか？

「最初は、年取った人がおるやん。その人らがみな知っとるけん。ベテランの職人さん頼んで。そやけどね、結局は、自分が商売しようとか、なんか起こそうとしよる人は、職人の人が何年かかってでも覚えにくい、三年かかっ

ほんとに自分がやる気のあるものやったら一カ月か二カ月で覚えてしまう

性根が違うけん

石の形を整える村上安直さん

て、五年かかっていうけど、ほんとに自分がやる気のあるものやったら、一カ月か二カ月で覚えてしまう。性根《しょうね》が違うけん。失敗したら大きな損やし。欲がからんでくるけん、覚えるのは早いわいね」

私は目の覚めるような思いがした。

ならわしとかしきたりとかが今に受け継がれる背景には、もちろん、それなりの理由があるはずだ。職人の修業の場合、一人前の職人としての技術や心がまえを身につけるには、じっくりと時間をかける必要があるという経験が、三年とか五年といった修業期間の設定に結びついているのだろう。

しかし、安直さんの場合、大きな借金を抱えて一か八かの勝負に出ている以上、職人のならわしなど関係ない。見よう見まねで必死にはたらき、仕事を覚えたはずだ。人が生きていくうえで、型どおりにしていては切り抜けられない場面などいくらでもある。そんなあたり前のことに、安直さんの言葉は気づかせてくれた。

（松田）

わが仕事に悔いなし

小林忠右衛門さん、
大正十一年（一九二二年）生まれ。
昭和初期創業の「山形旅行倶楽部」
二代目社長。

忠右衛門の名跡《みょうせき》を継いで六代目。総本家の先祖は、藩主最上義光《よしあき》公の御典医という旧家である。

祖父の代から、山形中心部の七日町で洋品店を営んでいた。新しいものにはことさら敏感だったのだろう。昭和初期、あとを継いだ父が旅行業を始めた。山形初、東北地方でも草分け的存在の「山形旅行倶楽部」誕生である。

大正から昭和初期にかけて、庶民の娯楽として旅行がブームになった。その主たる目的は、お参り。社寺参詣というのは、観光旅行のルーツであって、江戸時代のころから、これを名目に名所旧跡をまわり、名物を堪能する。歩く旅からバスや列車に変わったものの、その本質は同じだ。

最初に手がけたのは、出羽三山や最上三十三観音の参拝に、温泉旅館を組み合わせたバス旅行。時期はたいてい、田植えのあとやお蚕《かいこ》さん（養蚕業）の合間、または本格的な農作業が始まる前の雪解けごろ。農閑期に休養をかねて、農家の人たちがこぞって参加した。

バス旅行の次は列車。伊勢神宮や善光寺、橿原《かしはら》神宮などへ、臨時列車をしたてて行く。当時は戦時中だったが、修学旅行も含めて、「武運長久祈願」を大義名分に、戦局悪化で旅客用の列車が確保できなくなるぎりぎりまで、

復員してまもないころの小林忠右衛門さん。昭和23年ごろ。「山形旅行倶楽部」の前で

企画立案から営業、添乗まで全部ひとりでやっていた

けっこう旅行が盛んだった。

そして終戦。翌年にはもう、旅行が復活する。

「長い戦争からやっと解放されて、明るい希望を旅行に求めたいと、やむにやまれぬ気持ちが強かったんでしょう」

戦前から盛んだった金華山参拝の団体旅行。まだ国鉄の輸送力も、現地の受け入れも、充分回復していない時期である。山形と仙台を結ぶ仙山線の車両は、屋根のない無蓋車《むがいしゃ》だった。

佐渡に行けば、島内の移動はトラック。北海道へ渡る津軽海峡では、機雷情報に神経を尖らせる。善光寺へは米と炭を持参。闇米検査で列車から降ろされ、再度お客さんを連れて乗車したら、すでに座席が埋まっていたこともあった。

座席の確保は、添乗員の使命だ。列車の本数そのものがまだ少ないので、駅で係員に直接かけあう。添乗員という職業が専業化するのは、ずいぶん後年のこと。それまでは、企画立案から営業、そして添乗まで、全部ひとりでやっていた。添乗というのは、いわばお客さんへのサービス。列車での長い移動に備えて、お茶を入れた牛乳缶を運び入れたり、座席の間に板を渡して足を伸ばせるようにしたり。そうやって「いい旅行だった」と喜んでもらえれば、また次の仕事へとつながる。

昭和二十八年（一九五三年）は金華山の御縁年《ごえんねん》で、ご開帳があるというので、臨時列車三十本という大盛況だった。石巻駅で楽隊の出迎えを受け、夜は公民館での歓迎会と歌謡ショー、大皿に盛られたカツオの刺身の饗応《きょうおう》と、地元の歓迎ムードも満開である。

「うちの父は商人ですからね。あくまで商人は、お客さんの立場でものを売らなきゃいけない、お客さんが喜ぶ旅行商品をつくらなきゃだめだ、という思いが強くありました」

昭和三十四年（一九五九年）からは、近畿日本ツーリスト山形営業所として新たなステージへ。昭和三十九年（一九六四年）には、初めての海外旅行で東南アジアにも出かけた。

じつのところ、忠右衛門さんが本格的にこの仕事に就いたのは、戦後になってから。戦前は東京に出て、早稲田大学で学んでいた。学徒動員で軍籍に入り、航空隊に所属して整備を担当。北朝鮮の元山《ウオンサン》近くで終戦を迎え、ソ連に抑留されて、現在のカザフスタンに近い町での二年半にわたる収容所生

見くびられないよう古い軍服を着て
大声でやりあったこともある

昭和 26 年、長野駅にて。前列が父の先代忠右衛門さん。後列右が小林さん。
後列左の 2 人は秋田鉄道管理局の職員

活を経て帰国した。

子どものころ、何回か父についていったことはあるものの、旅行業の知識は白紙の状態。まずは日本交通公社発行の時刻表と、『旅程と費用』の本を買い、各県の観光課に手紙を出して名所旧跡の資料を取り寄せ、必死に勉強した。まだ闇屋が巾をきかせているような戦後の混乱期、見くびられないよう古い軍服を着て、お客さんを守るため、大声でやりあったこともある。

「この仕事は、モノでなく、人を扱う仕事。他ではできないことをいろいろ経験できたと思っています。わが仕事に悔いなし。本当にそう思います」

背をのばし、逡巡《しゅんじゅん》なく言い切る、九十一歳の忠右衛門さん。

齢《よわい》を重ね、私もこんなふうに胸を張れるだろうか――。平身の思いをいだいて、新緑の山形を後にした。

（山本）

家中みんなまごつき仕事

昭和四年（一九二九年）に書かれた農家日誌。
その七月一日の覧には、
「家中みんな、まごつき仕事」とある。
この農家日誌を記したのは、
千曲川沿いの村（長野市若《わか》穂《ほ》綿内《わたうち》菱田）に
生まれた上野幸雄さん。
当時まだ弱冠二十歳の農業青年である。

この農家日誌が書かれた昭和四年（一九二九年）というのは、いわゆる昭和恐慌（昭和五年＝一九三〇年）の直前である。昭和恐慌に至る以前から繭の値段は乱高下を繰り返しており、それにより経営が破綻する養蚕農家が多く見られるようになっていた。そのため、官民を挙げて農家経営の健全化をはかるための試みがさまざまにおこなわれていた。その一つとして奨《すす》められたのが、『農家経済簿』のような農家日誌をつけることであった。みずから『農家経済簿』をつけることで、日々の仕事や労働時間・労働量また支出入を見直そうとするものである。

そして、それに挑んだのが、上野家の場合には、弱冠二十歳の長男、幸雄さん。祖父母と両親それに四人の弟妹という九人家族。その家族ひとりひとりについて、一日ごとに仕事内容と労働時間を詳細に記してゆく。それは、若者らしい生真面目さのなせることであり、借金を抱える養蚕農家であった上野家の経営を長男としてなんとか立て直さなくてはならないとする強い意志の表れといえよう。

この農家日誌において目を引くのは、年間を通して「まごつき」と表記される作業が頻繁に登場することだ。しかし、まごつきという特定の仕事があるわけではない。まごつきとは、稲作や養蚕とは違って仕事の対象が特定されない、いわば雑業とでも呼ばざるをえないものだ。一例を挙げると、稲刈りをおこなうとすると、その前日には鎌を研いだり束に括るための藁を用意しておかなくてはならないが、そうした稲作作業に付随しておこなわれる細々としたことがみな、まごつきなのである。つまり、まごつきは稲作や養

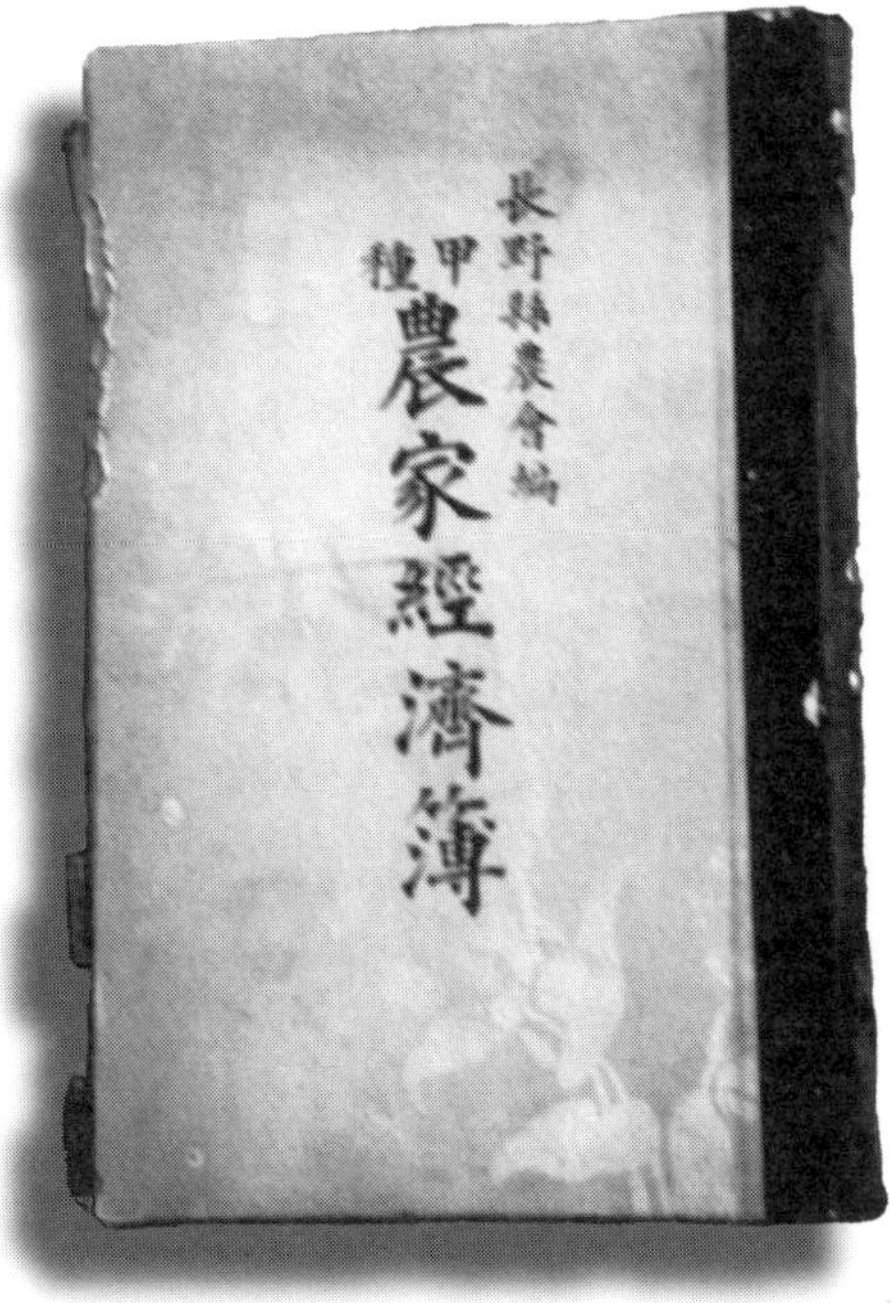

「農業経済簿」原本の表紙

蚕といった主要な仕事をおこなう上でその前提となり、結果的に生活全体を支える。当然、まごつきだからといって、それは労働として軽んじられているわけではない。だからこそ、日誌上には「家中みんな、まごつき仕事」と記されるのである。

農家の場合、多くの生業は一年をサイクルとして繰り返される。しかし、そうした生業は個々に独立しているように見えてそうではない。それは一連の流れとして、しかも総体としてその家の生活を形づくるものでなくてはならない。そうした個々の生業技術を繋ぎ合わせ、総体を組み立てる役割がいわばまごつきである。まごつきがないと、生業技術はいくつ集まっても生計維持の役目を果たすことはできない。

稼ぎに注目すると、上野家の農家日誌に登場する労働は二つに分けることができる。直接的に稼ぎに結びつくものとそうでないものである。前者が主たる労働なら、後者はその周縁にある労働と呼ぶことができる。まごつき仕事や遊び仕事はまさに後者の代表である。

ただし、現代社会に生きる私たちにとって、通常「仕事」とみなされるのは前者である。後者はいわゆる「仕事」の範疇からは外れてしまう労働だ

個々の生業技術を繋ぎ合わせ総体を組み立てる役割がまごつき（雑業）である

「農業経済簿」の中身。上段に労働者とその労働時間、下段にその日一日の仕事内容や家の出来事が記される

が、本来は基礎的ないし触媒となる労働と呼ぶべきかもしれない。それは家事労働も同様である。

そのとき農家日誌からは昭和初期に生きた人びとの労働観の一端を読みとることができる。そこには、まごつき仕事といった周縁にある労働を主たる労働の下に置くという考えはない。しかし、現代人にはもはや「まごつき」という労働の括り方はない。しかも周縁にある労働が、現代生活においては主たる労働よりも一段低い位置づけがなされるようになってしまった。

経済合理性を規範とする社会においては、「遊び仕事」といった場合には不真面目な仕事ぶりを示し、「まごつき」とはまごまごとして要領を得ないことを表現しているように、どこかマイナスなイメージで捉えられがちである。そこには、主要な仕事から外れた周縁的な仕事やそうした仕事に携わる人への蔑視がある。一家の立て直しに燃える弱冠二十歳の若者は、そうしたことを既成の価値観にとらわれることなく農家日誌のなかに記してくれている。

（安室）

あれは別《わか》れ作《ざく》じゃったねや

石井今朝道《けさみち》さん、
明治三十五年（一九〇二年）生まれ。
異常豊作を不安に感じる心意。

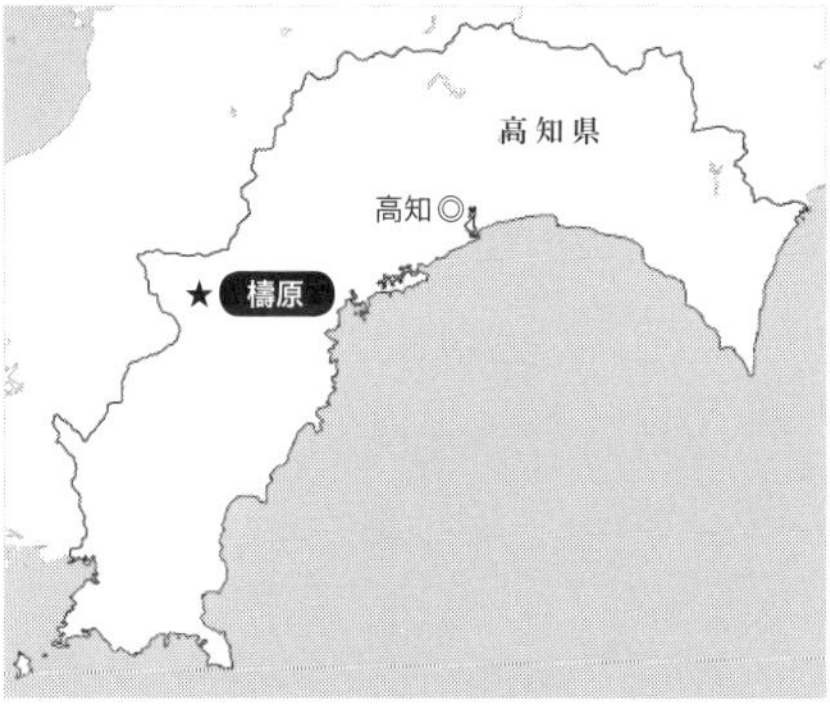

今朝道爺《けさみち》に出会ったのは盆の十五日だった。一九七五年（昭和五十年）の夏、地芳峠をへだてて愛媛県と接する高知県檮原《ゆすはら》町井ノ谷での採訪を終えた帰りである。木陰で一服している老人に声をかけたのがきっかけだった。小柄だが肩のがっしり張った老人は、親の墓参りをすませた帰りで、これから惣川《そうがわ》（愛媛県西予市野村町）まで帰るのだという。ふもとのバス停まで、一里ほどの山道を下るあいだ、爺は私を相手に山の人生を語ってくれた。

爺とはバス停で別れたが、このときの話はずっと心に残っていた。それから十年後、たまたま野村町の近くに行く機会があり、日程を調整して惣川を訪ねた。久しぶりの再会だったが覚えていてくれて、温かく迎えてくれた。今朝道爺は、農業・牛飼い・土方・山師などを経験しながら、急峻な四国山地を生活の場として生計をたてていた。

長い山の人生のなかで耳袋にためた話や経験談は実に豊かで、一つ一つの話がおもしろい。それから、時間をつくって爺のもとを訪ねるようになった。「別れ作《わかざく》」という言葉も、何度目かに訪ねたときに聞いたもので、とても印象深かった。百姓をやっていて、ほかの人が七分作ぐらいのときに、生まれて初めてじゃというような豊作に恵まれると、ひょっとしたら身内に不幸があるかもしれんといって心配するという。異常豊作を死の予兆ではないかと不安視する伝承である。実際に誰かが死ぬと「あれは、別れ作じゃったねや」と言い合う。別れ作は、爺によれば、死ぬ人がその前に作物や果樹の豊作をもたらし、それをあの世にもっていくからだという。爺自身も、あるとき「なんと、なりしもく（果樹）がよう生《な》った、がいに（たいそう）生った」と言っていた年に、妹さんが患《わずら》いついて亡くなったと話してくれた。

作物だけでなく、異常ともいえる豊漁があったときにも、なにか不吉なことが起きる前ぶれではないかと心配する俗信は各地にある。大きなクジに当たると不幸になるといったりするのも、別れ作と通じる心情であろう。

民俗学者の桂井和雄（一九〇七―八九年）は「条件充足忌避とその呪法」（『土佐の海風』）と題した論文のなかで、私たちの心のなかには完璧な状態をどこかで避けようとする心意があることを指摘している。新築の家でも、人目につかないところにわざと疵《きず》をつけておく例があるという。完璧を忌む不安と別れ作の不安とは異なるが、ただ、異常な豊作や予想を超える富を手に入れたり、あるいは、完璧な状態に身を置いたとき、喜びの陰に忍び寄る不安を感じる心性には通い合うものがあるようだ。

（常光）

第２章
生きるための知恵

海は大きな生き物である

伊良波進さん、八十六歳、漁師。
海のことを記録し続ける現場で。

宮古島と橋が架かった伊良部島で開催された「伊良部島すまむつシンポジウム」に出席した後、私は伊良部島の対岸の池間島へも渡った。吉進丸の船長、伊良波進さんと再会するためである。「船長」とは沖縄県内では「船頭」のことで、吉進丸はカツオ一本釣り船であって、現在は操業していない。

伊良波進さんは、沖縄で四人しかいない「名誉指導漁業士」という肩書きを持つほどの名漁師であるが、カツオ一本釣り漁だけでなく、銛を片手に潜水漁にも長《た》けているインシャー（漁師）でもあった。

たとえば、台風が来る前に海に潜ってみると、いつもは浅いところにいる海の魚はみな、深いところに潜っているという。タコもこのときは、自分の棲家の穴を大きな石で塞いでいるそうだ。「魚より頭が良くなくては漁師になれない」というのは、自分が捕る魚たちを尊敬している、伊良波さんの持論である。自然の急変を読み取る生物の行動を、さらに読み取る漁師たちもまた、テクノロジー中心の防災方法だけを受け入れている近代的な都市生活者より、危機察知能力が一段と高い。

また、伊良波さんは、潜って捕ったシャコ貝は網袋に入れておき、ときには海中でシャコ貝を取り出し、内臓の部分をさばき、小魚たちに分けて与えるという。それを続けていると、彼が潜ったときに、小魚たちが寄ってきて、シャコ貝がいる場所へ導いてくれるという。

昭和六十年（一九八五年）の四月、吉進丸が多良間沖でカツオを釣っているとき、突然に船のそばの海が真っ白になったという。不思議な思いで見続けていると、やがて大きなザトウクジラが口を開いて海から跳び上がり、ムロアジの群れを飲み込んでしまった。すると、クジラの周りを五頭のイルカが

魚より頭が良くなくては漁師になれない

池間の方言を思い出しては、短冊にメモして集めているという、伊良波進船長（2015 年 6 月 18 日撮影）

囲み、ムロアジのおこぼれをいただいていた。さらに、イルカの外側には、ヒイユ（シイラ）が五〜六匹、ムロアジを食べていた。伊良波さんはそのとき、海の生物たちが共同で生活していることに驚き、自分たちインシャーも、海の生物たちに見習って、協力して漁に立ち向かうべきことを教えられたという。

「海は大きな生き物である」と教えてくれたのも、伊良波さんである。その見せられた手記には、このように書かれていた。「海は地球上で一番大きい生きものである。また、心がとても広いのである。陸からの汚れを（人間が）流しても愚痴一つこぼさず、波を立て、流れを出して、綺麗にした後、ベタと凪《な》ぎて静かになる。海はすばらしい大きな生きものであると考えて間違いないだろう」。そして、「漁業者は十年以上、海の経験をすれば、みんな海のように広い心を持つようになる」と結んでいる。

海を相手にしている漁師は、どこへ行っても、「海は毎日違うからこそ面白い」と、赤銅《しゃくどう》色に焼けた顔をほころばして語る。海の色、シオの流れ、海上の風の動き、それらによって彼らの目的である魚の捕獲の多寡《たか》が決まる。魚との知恵比べとは、海という大きな生き物との知恵比べのことであった。（川島）

ソバマキトンボというよ

山間の集落で出会ったお爺さんから。
赤トンボの出現から、ソバまきの時を知る。

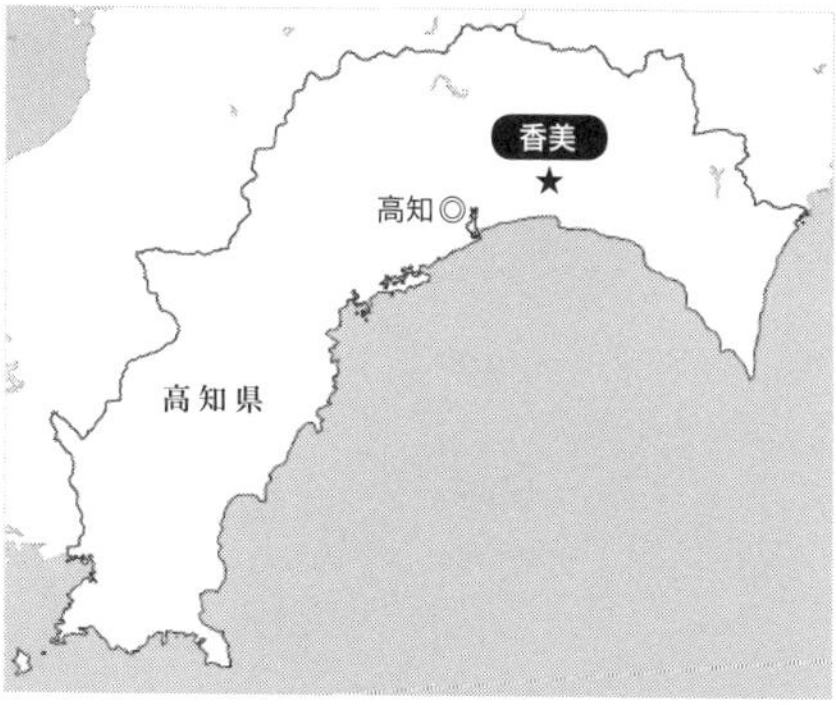

八月下旬、高知県物部村（香美市）を民俗調査で歩いた。山奥の集落で出会った爺さんと、道端で立ち話をしていると、あたりを赤トンボが群れて飛んでいた。

「このトンボを、ここらではなんと呼びますか」

私が指をさすと、

「ソバマキトンボというよ」

と教えてくれた。爺さんの話では、このトンボの飛ぶ姿を見て、秋ソバの種をまく目安にするのだという。

日本列島では、ソバの種まきの時期は地方によって異なる。同じ地域であっても標高差や地形、その年の天候によってずれてくる。見定め難い播種《はしゅ》のタイミングを、群れ飛ぶ赤トンボの出現と、その動きの特徴に注目して判断するのだ。

和歌山県西牟婁《にしむろ》郡にも同様の自然暦があり、赤トンボが鍬の柄の高さに飛ぶ時を待ってソバをまくという。それが、まちがいのない最もよい播種の時と重なることを、長い経験のなかから発見したのである。「ソバマキトンボ」という言葉は、一度耳にしただけで記憶に刻まれる。それは、ソバの栽培に従事してきた人々の経験と実感に裏打ちされているからであろう。（常光）

リツにならんことをいつまでもしよったらいかん

学生のころ、瀬戸内海の島でうかがった、大胆で軽やかな生き方の話。

学生のころ、十カ月という短い期間ではあったが、愛媛県の大島（宮窪町）というところに住んでいたことがある。耕すことのできる土地に限りがあって、ほかの町との交通にも制約の多い島という環境のもとで、人びとがどのようななりわいを営みながら暮らしてきたのかを調べるのが目的だった。大正から昭和のはじめに生まれたお年寄りをつかまえては、学校を卒業してから現在にいたるまでに経験してきた仕事について、ひとつずつくわしく教えてもらった。

こうした聞き取りのなかで、瀬戸内海の島では漁師よりも漁師以外の人の方が圧倒的に多いということ、そして、島に住む人びとの多くが農業を営むかたわらで、実にさまざまな仕事を経験してきたことを知った。

たとえば、あるおじいさんは、戦後、親から譲り受けた山を開墾してミカンを育てながら、夏には広島県の塩田で浜子《はまこ》として、冬には四国方面の酒蔵で杜氏《とうじ》として働いていた。そのほかにも、いち早く耕運機を導入してよその家の田畑の耕起を請け負ったり、鶏を飼って料理屋や旅館に卵を売ったり、店舗つきの家を買って奥さんがアイスクリーム屋をひらいたりと、その時々で儲かると思った商売にはすかさず手を出している。そして、その商売に陰りがみえたり、ほかに良い商売がみつかったりすると、躊躇することなくやめる。

このおじいさんばかりではない。浜の方の景気がいいと聞けば、つてを頼って漁師の手伝いに行った人もいるし、山の石が飛ぶように売れていると聞けば、田畑を売ってでも山を買って採石業をはじめた人もいる。一時的な損得はあまり気にしない。その姿勢はじつに大胆で軽やかだ。

あるとき、いつものように島のおじいさんをつかまえて話を聞いていると、いままでにたくさんの仕事を経験することになったいきさつについて、こう説明してくれた。

「リツにならんことをいつまでもしよったらいかん。どんなことにもシオがあるんやけん」

島で生きていくうえで、一つの仕事にこだわることは、時として生活を圧迫することもある。世の中の動きをじっと観察しながら、現状を分析し、次の一手を見きわめるのだ。

この一言を聞いたとき、島に生きてきた人びとの働くことに対する感覚がすっと腑に落ちた気がした。そして、それと同時に、これまで私自身がしば

潮の渦巻く宮窪瀬戸

どんなことにも シオがあるんやけん

られてきた強い規範に気づかされたのだ。

忍耐強いことであるとか、なにかに一筋であることは無条件に良いことであって、ものごとを途中でやめることは、「投げ出す」とか「あきらめる」などとネガティブに表現される。ひとつのことを懸命にやり続けていればきっと報われるし、たとえ報われなかったとしても、それは貴い経験だからいつかかならず役に立つ。

たしかにそうかもしれない。でも、いままでやってきたことをやめて、新しいことに挑戦する勇気が、もっと認められてもいいじゃないか。

島のお年寄りの感覚は、転職をキャリア・アップの機会にしたり、会社をやめて起業したりする今の若者に近い。そして、つねに潮目をうかがう眼光は、今でも、そんな若者に負けないくらい鋭い。（松田）

家では箸より重いものは持たない

伊藤一夫さん、大正十一年（一九二二年）生まれ、
三浦半島西岸のモグリ漁師。
彼等は漁期中、畑仕事はもちろんのこと
家のことはいっさいやらない。
でもそれが許された。夏の短い漁期に
身体一つで半年分以上の稼ぎを上げる
モグリ漁師の自負心がのぞく。

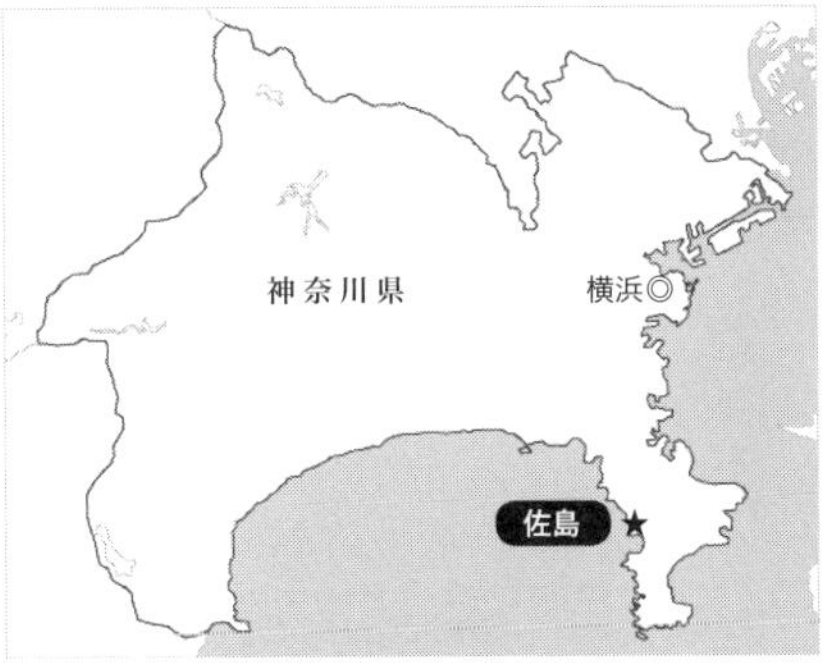

三浦半島の西岸となる相模湾岸には磯や根といった岩礁が発達する。そこでは伝統的にモグリ漁がおこなわれている。泥地が多い東岸つまり東京湾岸には見られない漁である。そうしたモグリ漁が盛んな漁村の一つに佐島（横須賀市）がある。

佐島のモグリは、一九七〇年代にウエットスーツが登場するまでは、スコシと呼ぶビキニパンツのような小さな褌《ふんどし》を着けただけ、文字通り裸で海に潜っていた。そうしたモグリは水深に応じて、オキモグリ（沖潜り）とキワモグリ（際潜り）に分けられる。オキモグリは水深二〇メートル前後まで潜る漁で、キワモグリは一〇メートル以下のところまでしか潜らない。どちらも男の漁である。オキモグリは主として体力自慢の若者が、より大きなアワビを求めておこなう漁であるのに対して、キワモグリはまさに一家の主人がおこなう稼ぎのための漁である。

佐島の景観

昔から佐島では「モグリができれば白い飯が食える」という

モグリ漁のもっとも重要な獲物は今も昔もアワビである。モグリでは海藻やタコ、ナマコ、イセエビなどさまざまな魚介が捕れるが、佐島のモグリ漁師はアワビが捕れてこその存在である。だからこそ昔から佐島では「モグリができれば白い飯が食える」といわれる。それは一貫してアワビの商品価値が高いことにある。だから佐島では、アワビのことをケー（貝）と呼ぶ。裏返せば、アワビ以外は貝ではないことになり、実際にアワビ以外の巻き貝はすべてタマという名称で一括されてしまう。

そんなアワビを捕るもっとも有効な方法がモグリとなる。しかし、モグリは夏の七月から九月までわずか三カ月間しかおこなうことができない。それは漁業協同組合の決まりだからだが、それとともに、モグリが水底に潜っておこなうしかない厳しく激しい労働だからでもある。潜水してのアワビ捕りは身体に多大の負荷がかかるため、昔は耳や肺を悪くしてモグリができなくなってしまった人も多かった。また、太平洋戦争でフィリピンに行っていて、そこで罹《かか》ったマラリヤのため、復員後は完治しているにもかかわらず、潜れなくなってしまったという人もいる。

九月も半ばになると潮の加減でモグリは辛い仕事となる。また、真夏でも続けて潜水をしていると身体が冷え切って歯の根も合わなくなってしまうため、いったん船に上がってボッタと呼ぶボロ着を被り、炉で身体を温めなくてはならない。海に潜っている時間と炉にあたっている時間が同じくらいになる。だから漁がないときなどは「火にあたりに来たんか」といわれてしまう。

モグリの漁期を終えると体重が十キロ以上も減っているというから、その労働の激しさは半端ではない。しかし、モグリは重要な生活の糧をもたらしてくれる、もっとも大きな稼ぎとなる漁である。それを男が担うのである。佐島では女は家事全般はもちろんのこと畑仕事やモグリに使う薪の採集、それに男が捕った魚の行商もおこなう。そうして家を支え、男の漁を支える役目が女であるといってよい。それに対して、男は金銭収入をもたらしてくれる漁に専心する。

鍬《くわ》を持つと手先が鈍る

操船する伊藤一夫さん

だからそうした漁を、佐島では「商売」と呼ぶ。男はそうした商売で金を稼ぎ一家を養うことに強いプライドを持っており、それがモグリのあいだは「家では箸より重いものは持たない」とか、また「鍬《くわ》を持つと手先が鈍る」（畑仕事をすると漁に差し支える）という言葉に表れている。

（安室）

魚のために網の色を考えないと

石野佳市さん、七十歳、
追込み漁の漁師。
新島若郷《わかごう》の大掛網の網小屋で。

「新島の佳兄い《けいあに》」と密かに呼んで敬愛している石野佳市さんと出会ったのは、新島の若郷《わかごう》で「西の風のテッパツ」と呼ばれる風が吹き始めていた晩秋の日だった。渡浮根《とぶね》の網小屋で、石野さんは大掛網の、白と茶色に分けて染められている網を地面いっぱいに広げて見せて、「ここから網を茶色にしなくては駄目なんですよ」と語った。

昨夜の話で、魚は白色を嫌い、茶色を好むということは教えられていた。茶色の網の面積が大きければ魚がおとなしくなると言うので、私は「操業しやすいためですか?」と聞いてみた。「いや、魚のために」と、石野さんは、ただそれだけ語った。私は一瞬、彼の顔をのぞき込まざるを得なかった。「魚のためにと言ってはいるが、この人はその魚を捕る漁師さんではないか」と。

石野さんの話では、年々、魚が岸から離れてしまっているという。もしかしたら、この網の色のせいではなかったかと考えている。海底に近い方が茶色に染められているので、魚が底の石の下に隠れてしまって、結局は漁の「歩留まり」が悪くなるとも語った。要するに、大掛網という追込み漁で捕る、タカベやイサキと、どうしたら永く付き合っていけるのかということを

タカベ（魚）も今は都会人だよ
ガチャガチャ、セカセカ、落ち着かない

追い込み漁具のヘラとガラを見せてくれる石野佳市さん（2005年11月21日撮影）

考えて、「魚のために」と言ったのである。

「最近は、あまり、タカベが網の近くに来ねえよ。僕は白網のせいだと思うよ。昔は、だってガラ（追込み漁具）と潜水器だけの赤網のときには、もう、一回つったぎりゃね、ヤワタリ（網下ろし）をやってると、潜水士がいても、ものの見事にタカベやイサキが、網のそばに、ゆったりと泳いでいるだも

タカベもイサキも生きがいだよ

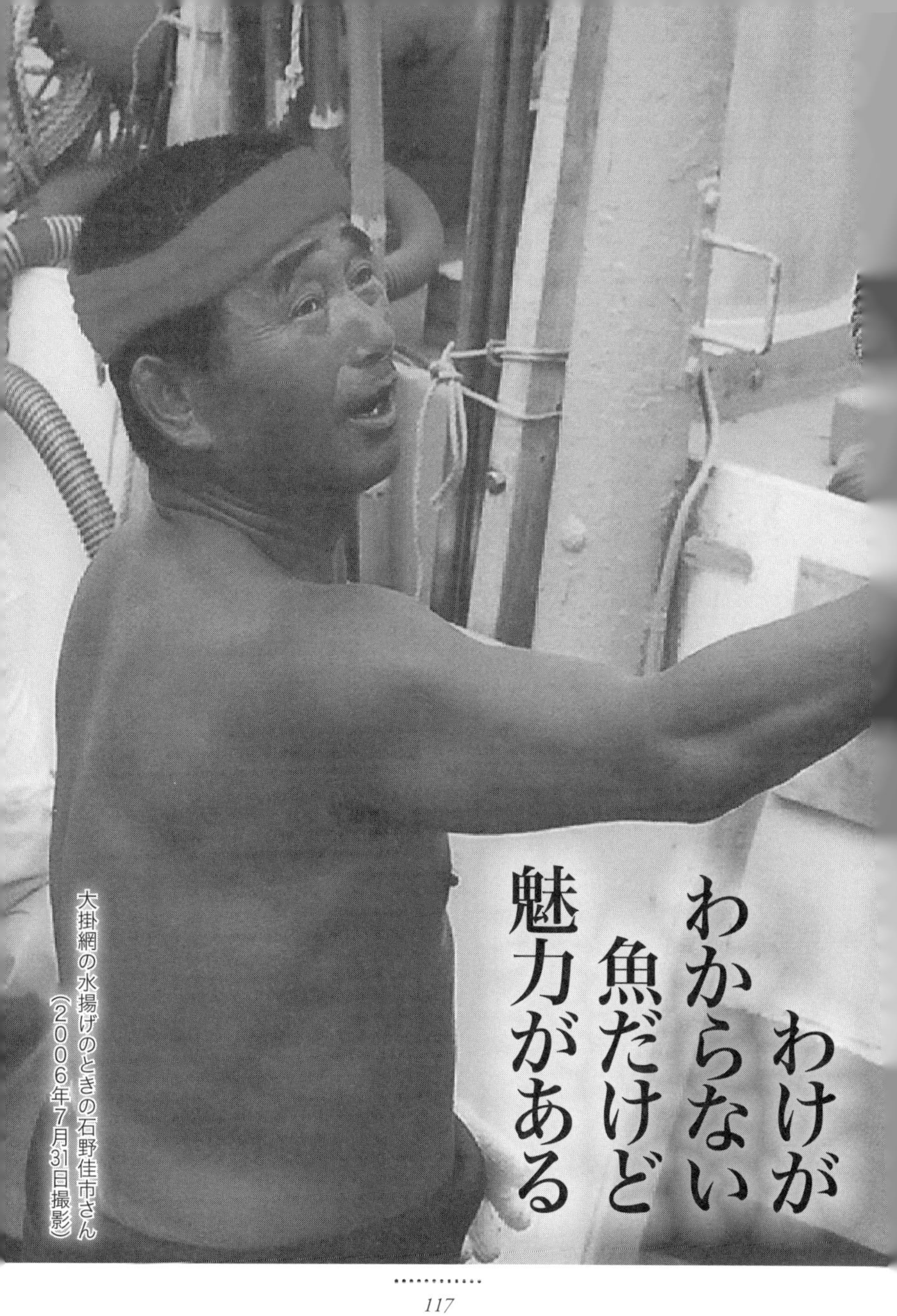

大掛網の水揚げのときの石野佳市さん（2006年7月31日撮影）

の。もう、赤網のときには、田舎の人みたいな感じで、網のそばにタカベがゆっくり来るだって。今は都会人だよ、ガチャガチャ、セカセカ、タカベが動くけど、落ち着かない」

追込み漁の漁師たちは、その生業のなかで、自然科学者のように自然だけを対象化して観察しているのではなく、魚と人間とが相互に影響を与え合っている、そのこと自体を対象化している。

生涯の大半を海に潜って魚と付き合い続けた「潜り船頭」のベテラン漁師の、このような魚や漁に対する考え方に深く感じ入った私は、この後、石野さんを通して大掛網を学ぶために、何度も文通をすることになった。「だから、このタカベとイサキはね、まあ生きがいだよ。わけがわからない魚だけど魅力がある」と語ったのも、この漁師さんである。今、声高に叫ばれている「自然保護」とはまた別の、人間と自然とが、どのように付き合っていけたらよいのか、ということに対して、この人に付いて行くことで何か道が開かれる思いであった。

（川島）

家を捨て欲をはなれて

安政南海地震の記録と教訓。
井上静照《じょうしょう》の『真覚寺日記』より。

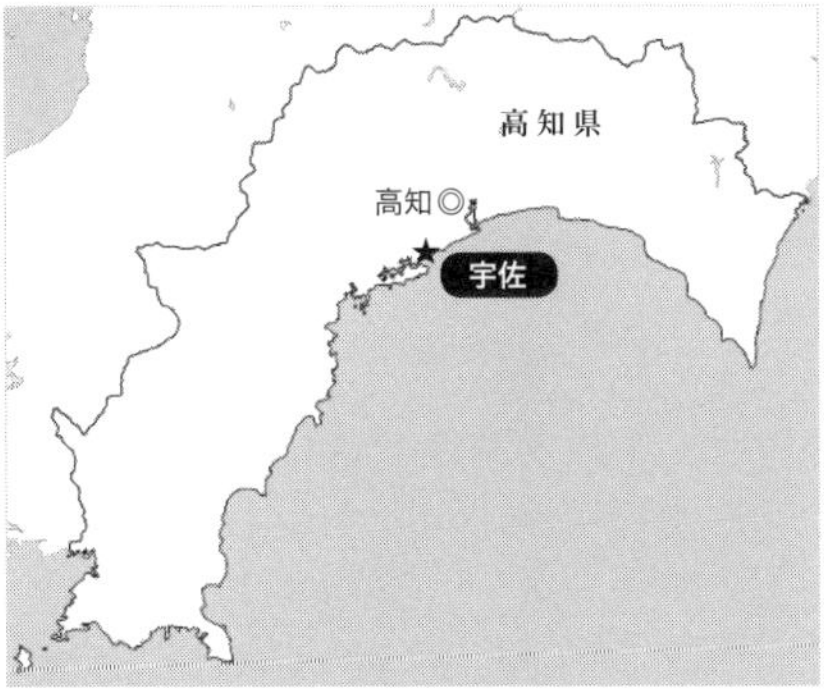

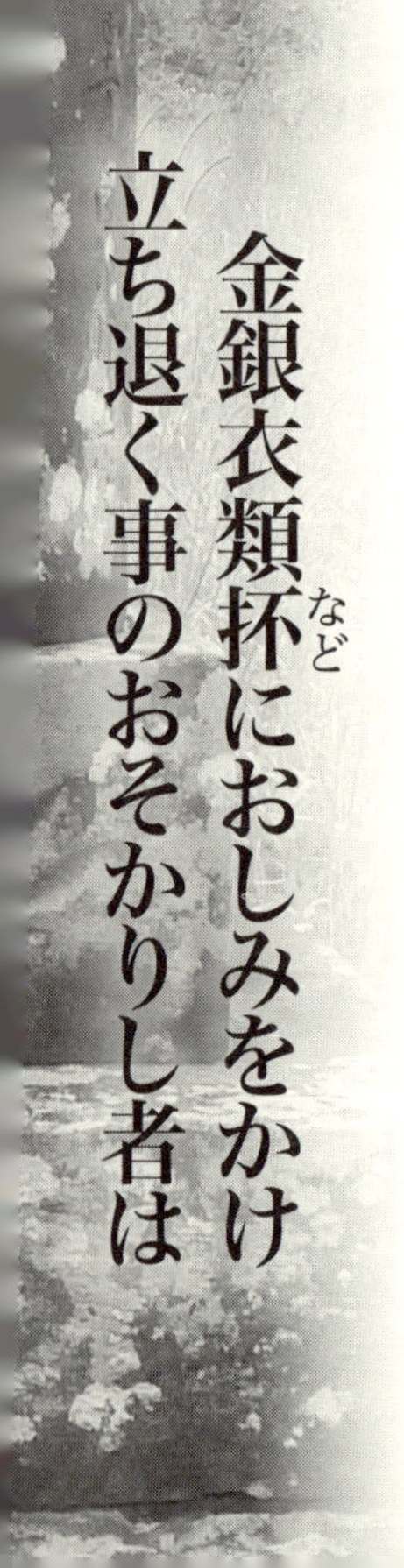

金銀衣類抔《など》におしみをかけ立ち退く事のおそかりし者は

嘉永七年十一月五日の夕刻、四国沖を震源とする巨大地震が発生した。「寅《とら》の大変《たいへん》」と呼ばれた安政南海地震である。太陽暦では一八五四年十二月二十四日にあたる。山のような津波が土佐の浦々に押し寄せ、未曾有《みぞう》の被害をもたらした。宇佐村（現、高知県土佐市宇佐町）真覚寺の住職井上静照《じょうしょう》は、この地震を機に筆を起こし、以後、明治元年まで足かけ十五年にわたる日記を残している。日記は「地震日記」九冊と「晴雨日記」五冊から成るが、一般には「真覚寺日記」と称されている。

波先は境内まで入り、本堂の前から庫裏《くり》を廻るが、そこで止まった。山際に建つ寺は辛うじて難を逃れたが、集落は壊滅的な被害を受けた。静照は近くの畠に幕を張り火を焚いて、避難者に粥を与えるなど夜通し救助活動にあたっている。日記には、未曾有の災害がもたらした惨状をこまかく記しているが、なかでも、突然の大地震と津波に直面して、なにが人々の生死を分けたのか。静照はつぎの点をくりかえし強調している。

その場にて直《ただち》に波に引かれ

萩谷口に立つ津波の供養碑。財に心を残さずまず山手に逃げよと刻まれている。

・浪の入し時、諸道具打ち捨て置き、山へ逃げ上がる者は皆命を助かり金銀雑具に目を懸け、油断せし者は悉《ことごと》く溺死す（十一月五日）

・汐の入るを聞くまま家を捨て欲をはなれて早く逃げ出し候ものは皆助かり、金銀衣類抔《など》におしみをかけ立ち退く事のおそかりし者はその場にて直《ただち》に波に引かれ、たまたま逃げ出し候ても、裏道へ汐まわり木の上に登りながら精尽きて木より落死するも有り、家共に沖へ流れ出る有り（十一月六日）

静照が目《ま》の当たりにした現実から訴える文章だけに、家を捨て欲をはなれて早く逃げ出せという言葉の意味は重い。東日本大震災を契機に「津波てんでんこ」の標語が広く知られるようになったが、まず自分の命を守るために、めいめいがとる行動の大切さを示している。

津波の前兆を井戸の水位の変化から判断する言い伝えは多く、東日本大震災の時の報告にもいくつか記されている。静照はこのことについても触れており、「昔より言い伝えに大地震の時は井戸の水を見よ、若《も》し井《いど》に水あれば汐の入る事なし、井戸に水なくかわきたる時は油断せず直に山へ逃げよという言葉をあてにして唯《ただ》井をのぞきつつ流るる者ありとぞ、是《これ》一概なる了見なり」と述べている。このときの地震でも、一滴の水も無くなった井戸もあれば、平生の通りで水の減らぬ井戸もあったと指摘し、「水をあてにするは危き事なるべし、地震の大小により水のかわくも有り又新たに地より水の湧出るも有り、後世よく心得べし」と、井戸水の高低による判断をもとに行動することの危険を説いている。

津波から四年近くを経た安政五年（一八五八年）六月十五日に、宇佐の萩谷口に供養碑が建てられた。碑文には、宝永地震（一七〇七年）の遺談（体験談）を信じ、とりあえず山手に逃げた者は助かったと刻まれている。災害時の体験を「生きた教訓」として、長く語り継いでいくことの大切さとむつかしさがにじみ出ている。

（常光）

ひと抱えあれば海の中の石は全部知ってる

佐島のモグリ（潜り）漁師、伊藤一夫さん。
村の前に広がる海なら海底の岩は、
一抱えくらいの大きさがあれば、
どこにあるかはみな知っていると豪語する。

東京や横浜からほど近い三浦半島には、まだ漁師町の雰囲気を残す村がいくつもある。そのうちのひとつに佐島（横須賀市）がある。中世は鎌倉、近世は江戸、そして近代になると東京や横浜といった大消費地が間近なため捕った魚を新鮮なうちに売ることができる。とくに近年は佐島で捕れるシラスやタコがブランドものとして取引されている。

佐島は、磯や根といった岩礁が発達する三浦半島の相模湾岸にあるため、昔からモグリ（潜り）漁やミヅキ（見突き）漁が盛んにおこなわれている。モグリは文字通り水に潜って魚介を捕るのに対して、ミヅキは船の上から長い竿を付けた漁具を使って海底の魚介類を引っ掛けたり突き刺したりして捕るものである。佐島の漁師は、基本的にこの二つの漁法を、夏はモグリ、秋から春にかけてはミヅキというように使い分けて漁をしてきた。

モグリもミヅキも水深二十メートルくらいまでの浅いところでおこなわれる漁で、佐島ではそうした岸近くの海域をキワ（際）と呼んでいる。それに対して、キワの先つまり水深が二十メートルより深くなっているところはオキ（沖）と呼ぶ。また、オキは陸地が見えているところまでで、それより先つまり陸地が見えなくなったところはダイナン（大難）である。海は水平線

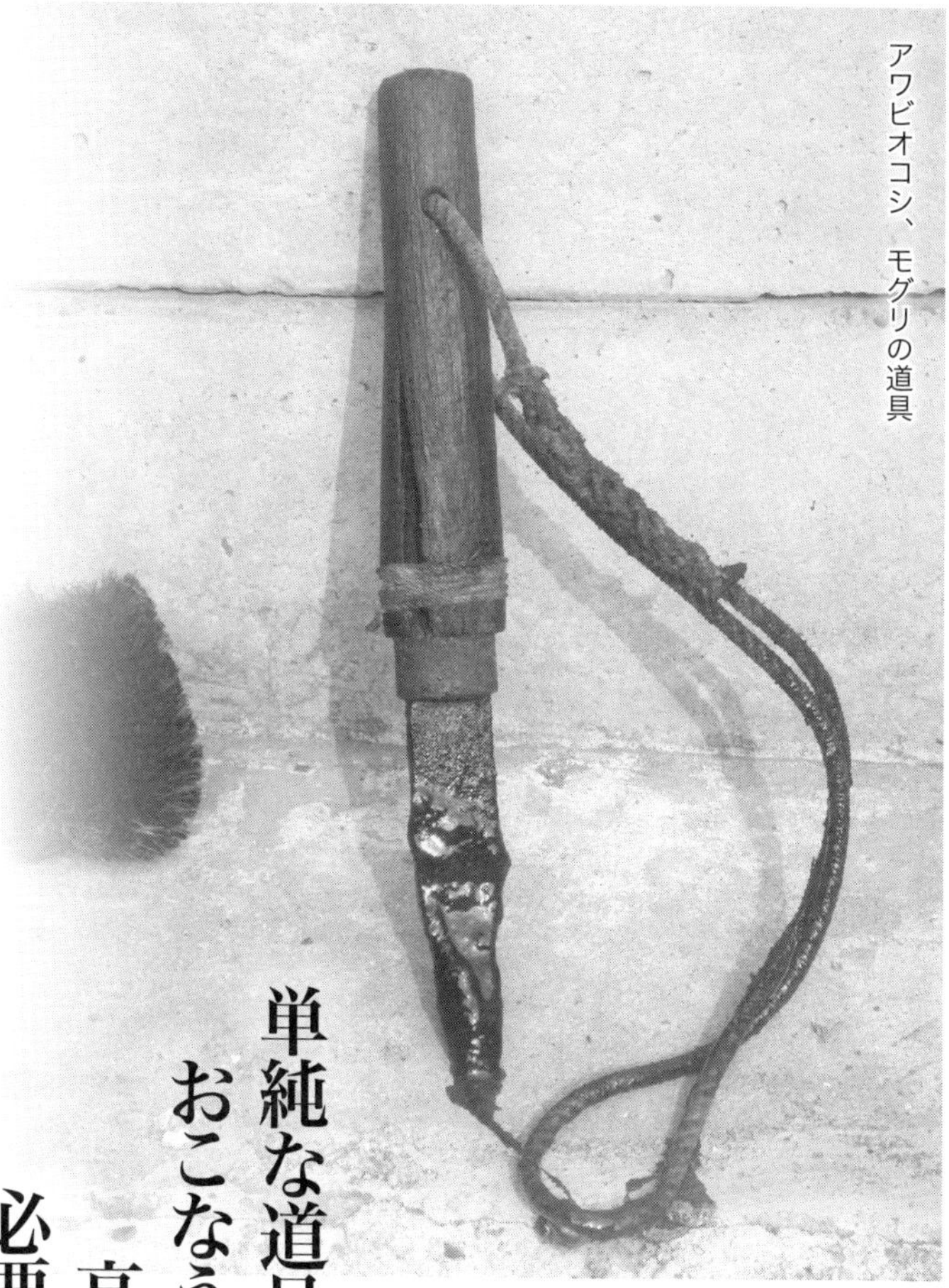

アワビオコシ、モグリの道具

単純な道具を使って
おこなうからこそ
高い技能が
必要とされる

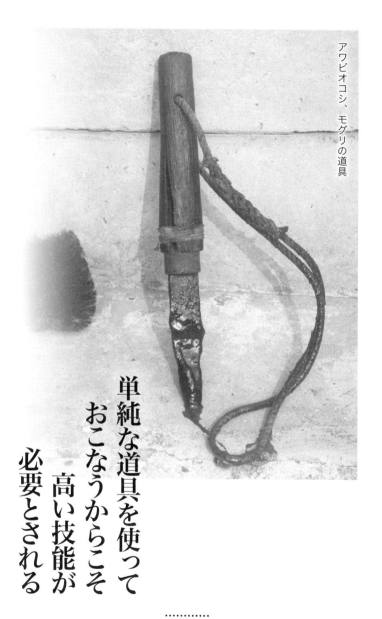

の彼方まで広がってはいても、伝統的に漁場として用いてきた海域は陸地に近いキワであった。それは、ダイナンにまで行けばマグロやカツオといった大型の高級魚を捕ることはできるが、手こぎの木造船の時代にはそこで嵐に遭ったりすると逃げ場のない危険きわまりない海域だからである。そのため、佐島ではダイナンには大きな難所の意味から「大難」の字を当てるのである。

ダイナンに比べれば、キワは漁をする上でははるかに安全である。しかし、岩がごつごつし海藻の生い茂るキワを漁場にするにはさまざまな工夫が必要となる。また、岩礁地帯は定置網や地引網のような大規模な漁具には向かない。漁法としてはモグリやミヅキのような個人を主体とした単純なもののしかおこなえない。それだけに、単純な道具でも効率よく魚介を捕るための技能を発達させてきた。モグリやミヅキは一見すると、道具が単純なため技術段階としては低いと考えられがちだが、反対にそうした単純な道具を使うからこそ高い技能が必要とされるのである。

そうした高い技能の一端を海底の認識法にみることができる。先に「家では箸より重いものは持たない」の項で紹介した伊藤さんはじめ佐島の漁師

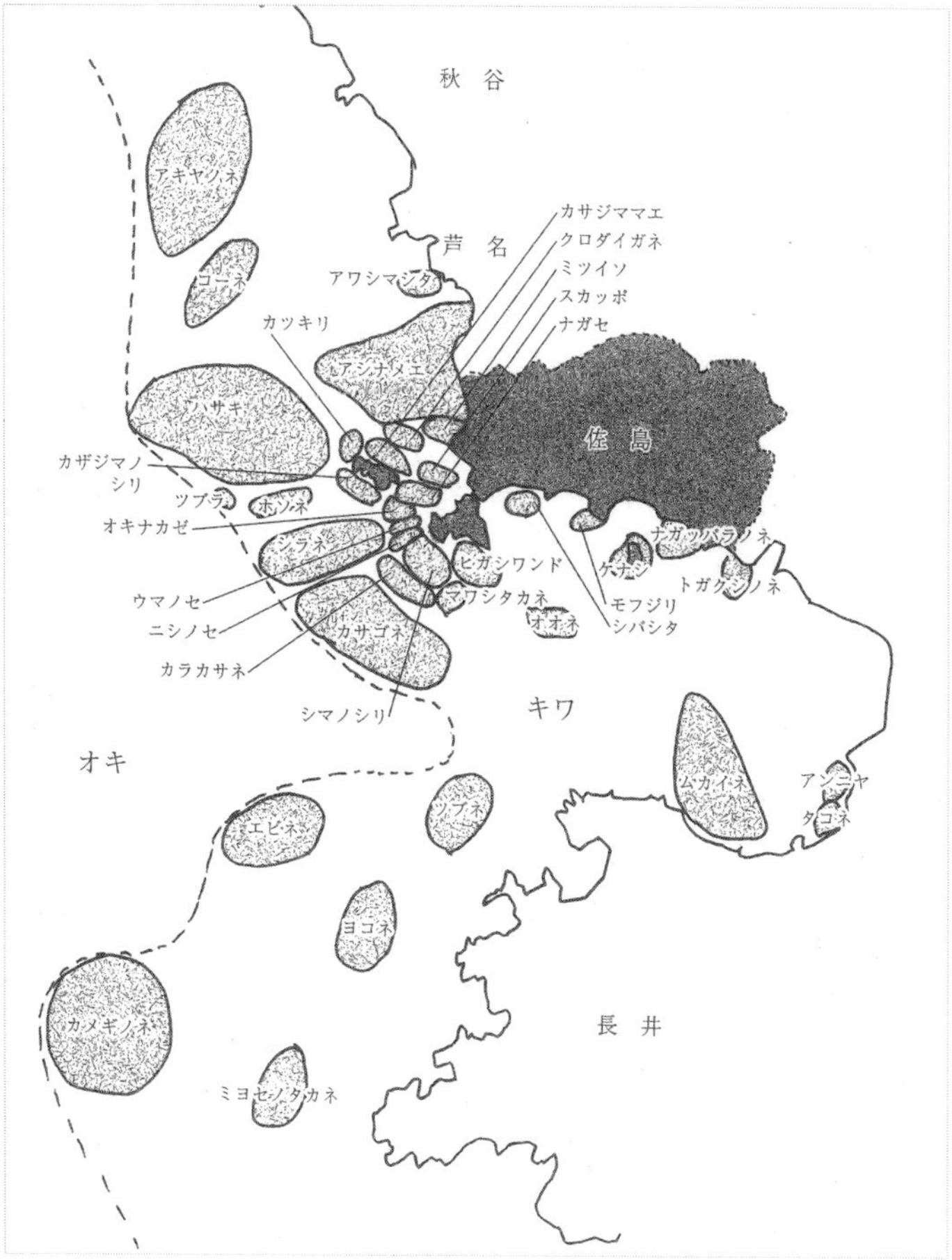

佐島の根（漁場）　　安室知『日本民俗生業論』（2012年）より

は、地先の海について、「ひと抱えあれば海の中の石は全部知ってる」と豪語する。

　地先のキワは佐島の住民が占有してきた海である。他の村の人が立ち入って漁をすることはできない。明治時代以降は地先漁業権として法的に保障されてきたが、それ以前からそうした占有の意識は強く、キワの水域をマエハマ（前浜）と呼んでいる。さらにいえば、モグリやミヅキはキワの漁であるため、海底への関心はひときわ高い。

　それだけに佐島の漁師は、図にあるように、モグリやミヅキ漁を通して驚くほどきめ細かく海底に地名を付けて利用してきた。それは、陸上の地名よりも詳細である。それを象徴し、またそうしたことを少し自慢する意識もあるのだろう。

「ひと抱えあれば海の中の石は全部知ってる」という言い方には、佐島の漁師たちの自負心の表れを見て取ることができる。（安室）

エビアミは「ガシン漁」と言うたのお

山下寿さん、七十三歳、エビアミ漁師。
一緒に船から戻った自宅で。

三重県熊野市の甫母《ほぼ》という漁村と初めて出くわしたのは、冬の陽が力をなくし始めた夕方のことであった。尾鷲《おわせ》市から沿岸ぞいに車をめぐらせていくうち、長い坂道の下に、その集落はあった。

二度目に甫母に行ったときに出会った山下寿《ひさし》さんは、エビアミに、奥さんと二人で沖へ出かけるところであった。エビアミとは、イセエビを捕る刺網漁のことで、午後三時ごろに網を入れてから一度帰港し、夜の八時に網を上げに行き、帰宅して、また深夜の零時近くに網を入れて戻り、マジミと呼ばれる夜明けころに網を上げに行く。仮眠はとるが、エビアミの時期は、疲れがなかなかとれないという。

山下さんによると、エビアミが盛んになったころ、同じ二木島《にぎしま》湾の湾奥の二木島という集落と、同湾に面して外洋に近い甫母とが入会《いりあい》操業（共同漁業権）だったので、その漁場をめぐって争いが絶えなかったという。

山下さんはそのころ、冬季のエビアミの操業の後、カツオの群れが散り始める七〜八月ごろに、カツオの曳き縄漁に、一人で船を出して操業していた。当時、甫母では紀伊大島の須江《すえ》を本拠地にしていて、カツオは串本港に水揚げした。そのようなカツオ曳き縄漁を通した関わりのなかで、山下さんには、須江に友人ができ、入港した折には風呂に入れてもらったり、須江で一緒にビワを捕りに行ってバンジョウカゴ（魚籠）いっぱいに集めてきたり、須江の人々と交流を深めていった。

ある日、話がエビアミのことになったとき、二木島と甫母とで、漁場をめぐって争いが絶えないことを話したところ、お世話になっていた友人から、須江にはエビアミの「規約」があることを教えられ、その規約を参考のために、甫母の漁協に持ち帰った。規約作成のための規約選定委員会を設け、熟慮の末、平成三年（一九九一年）七月二十五日実施の「甫母海老網組合規約」が成立することになった。毎月の闇夜が始まるごとに、エビアミの漁業者たちが「くじ」を引いて漁場を決める方法であった。

その「くじ」によって決められる甫母の漁場を確認するために、山下さんは、新しく装備した船に私を乗せてくれた。晩秋とは思えない、陽射しの濃い日であった。家に戻って一息つきながら、彼は語った。

「エビアミは、元はガシン（餓死）漁と言うたのぉ。それだけやっていても餓死して死んでいくことはないという意味や。財産は儲けんけど、食っていくことはできるということや」

船の上から、イセエビの漁場と
漁場の境を教えてくれる山下寿さん
（2016 年 11 月 17 日撮影）

それだけやっていても
「餓死」して死んでいくことは
ないという意味や

エビアミは以前、年寄りのする仕事であったという。エビだけでなく、魚やアワビなども入っていることがあるので、オカが飢饉でも食いはぐれがなかった。

甫母では他の三重県の漁村と同様、日本の高度成長期のころまでは、若者たちが宿田曽《しゅくたそ》（同県南伊勢町）などのカツオ一本釣り船に乗り込むことが多かった。年寄りたちのエビアミは、一日三〇〜三五匹くらい捕れればよいほうであったが、今では一日で倍の七〇匹くらいも捕れる。

綿糸網からナイロン網に代わり、高性能の船を用いて、イセエビが高く売れ始めると、エビアミ漁師が多くなり、競って良い漁場をねらうようになった。結局は、漁場を「くじ」で選ぶようにさえなったのである。

「あくせくせずに、食べていければそれでいい」、熊野市漁協の組合長を辞めたばかりの山下さんの顔から、そのような本来の漁師のもつ謙虚さと大らかさを読み取れた。（川島）

村全体が大きな家族やった

奈良県吉野郡川上村白屋《しらや》。
移転を余儀なくされた林業の村の記憶。

ダムの開発によって、移転を余儀なくされた村は多い。しかし、白屋《しらや》の場合は少し事情がちがった。ダムの建設による移転の必要はないはずだったのに、移転せざるをえなくなったのだ。

原因は、ダムに水を貯めることで集落内に発生した地割れである。そのまま放っておけば、急斜面にしがみつくように建てられた家々が、地すべりとともにダム湖に崩落する危険があった。白屋地区の全戸、三七軒が急遽、集落からの避難を余儀なくされ、その多くが、吉野川を数キロさかのぼった別の集落の、廃校の校庭に運びこまれた仮設住宅に転居した。

私が白屋をはじめておとずれたのは、移転から間もない、平成十六年（二〇〇四年）八月のことだった。ダム建設を所管する国土交通省が民間の研究機関に委託した、白屋の歴史と民俗の記録事業のためである。白屋の人びとにとってみれば、私たちは国土交通省のまわし者のような存在だったはずだ。それでも、おそらくもう二度と住むことができないふるさとの姿を記録にとどめようと、廃校の教室に集まったり、昼間だけ立ち入りの許された白屋の家の縁側にこしかけたりしながら、ついこのあいだまで営まれてきたこの集落での暮らしぶりを、ていねいに教えてくれた。

白屋は、江戸時代のはじめからつづく吉野林業の本場で、男性のほとんどが林業に従事してきた。

山仕事の話はなんとも豪快だ。若いころには七〇貫（二五〇キロほど）の材木の束をロープ一本で山から引きずりおろした、そう語る当時七十代後半のおじいさんの筋骨は、いまだ隆々としていた。スギやヒノキの成長には五十年から六十年がかかる。所有する山の木が毎年お金になるわけではない。だから、ふだんから枝打ちや下草刈りといった山の作業をお互いに頼んで、賃金を出しあった。

土地をできるかぎり林業に集中させていた白屋では、それぞれの家の畑は、平均が五畝《せ》（約五アール）ほどである。傾斜があまりにも急なので、畑のところどころに細い丸太を斜面に水平に並べて、土の流出を防いでいる。畑のたがやし方も独特で、上のほうから鍬で土をかきあげておりてくる。小さくて条件の悪い畑だが、家族が食べるだけの野菜は十分にとれた。たりなければ、だれかにわけてもらえばいい。困ったときは、おたがいさまだった。

白屋には「コーリトリ」とよばれる祈願方法があった。武運長久や病気平癒など、願いごとのある人は、黒くてつやつやとした丸い石を、川で拾って

願いごとのある人は石を川で拾ってざるに入れておくすると

山を案内してくれる故石本伊三郎さん

ざるに入れておく。すると、だれともなくその石をひとつ持って、集落の一番高いところに鎮座するお宮まであがっておいてくる。

「むかしは村全体が大きな家族みたいやった」

だれともなく
その石を持って
集落の一番高いところに鎮座する
お宮まであがって
おいてくる

人の生活が消え、きれいに手入れはされていても少しずつ荒れていくわが家を前に、あるおばあさんはそうつぶやいた。「むかし」は、遠い日のことではない。

（松田）

カモは松に付く

片野鴨池はラムサール条約の登録湿地だが、そこには伝統カモ猟が伝えられている。現在、捕鴨猟区協同組合理事長を務める七十歳代のベテラン猟師、池田豊隆さんに聞いた、カモ猟の極意。

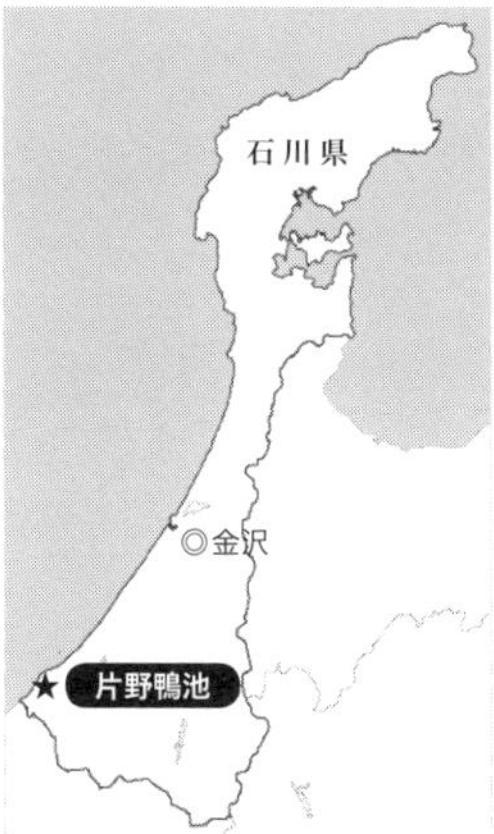

石川県加賀市大聖寺《だいしょうじ》の片野鴨池には、ある独特なカモ猟が伝えられている。今では、種子島の南種子町など日本全体でも四カ所にしか残されていない貴重な民俗文化財であり、地域の文化遺産である。

各地の伝統カモ猟に共通するのは、猟をおこなうのはプロの猟師ではなく、農家や会社勤めを正業とする人であること。そのため、猟者は銃を用いることなく、人が手に持てる程度の大きさの網で、飛んでくるカモを捕らえる。その網を片野鴨池ではサカアミ（坂網）と呼んでいるが、古くは江戸時代の記録にも残っている。

この猟は、昼間のうちは池で休んでいるカモが、周辺の水田地帯に餌を食べに行くためにいっせいに飛び立つ、夕暮れ時におこなわれる。わずか十五分ほどが勝負である。かつては水田で夜通し餌を食べたカモが池に戻ってくる明け方にも猟をおこなっていた。

カモを捕るには、池を囲む丘の上で待ちかまえ、上空を飛び越えようとする瞬間にサカアミを上に挙げてカモを網に掛ける。投げ上げた網が下に落ちるまでの間に、時速七〇キロを超すスピードで飛んでくるカモにうまく出会わなくては、捕らえることはできない。網を上げるのが早すぎるとカモに避けられてしまうし、遅ければ間に合わない。絶妙なタイミングである。猟の原理は単純だが、カモが池のどこからどの方向に向けて飛び立つかを見きわめなくてはならず、豊かな経験と独特なカンが必要とされる。そうしたカンや経験の背景となるのが、その日の風の吹き方や月の満ち欠け、池周辺の地形や植生といった、その地域の自然に関する膨大な知識にある。

その一方で、サカアミ猟の場合、猟具は自分で作ることができるほど単純で、サカアミのほかに専門の道具もいらない。それに対して、銃猟の場合は、銃や弾の他にも、車やボートなど多くの装備を必要とし、しかもそのほとんどは専門の企業が製造する。銃猟の方が道具や装備の面では技術レベルは高いといえるが、一方で、一見素朴にさえ思われるサカアミ猟には、地域の自然に関する膨大な知識を背景にしたカンやコツそして経験が必要となる。その意味で、サカアミ猟は「低技術、高技能」の猟法の最たるものである。

そうした高い技能の一端を示すのが、猟に関するさまざまな言い伝えである。その一つが、池田さんの場合には「カモは松に付く」というものであった。このほかにも、「雨上がりは低く飛ぶ」「月夜はばらばらに飛び立つ」と

カモは女房が妊娠しているとよく捕れる

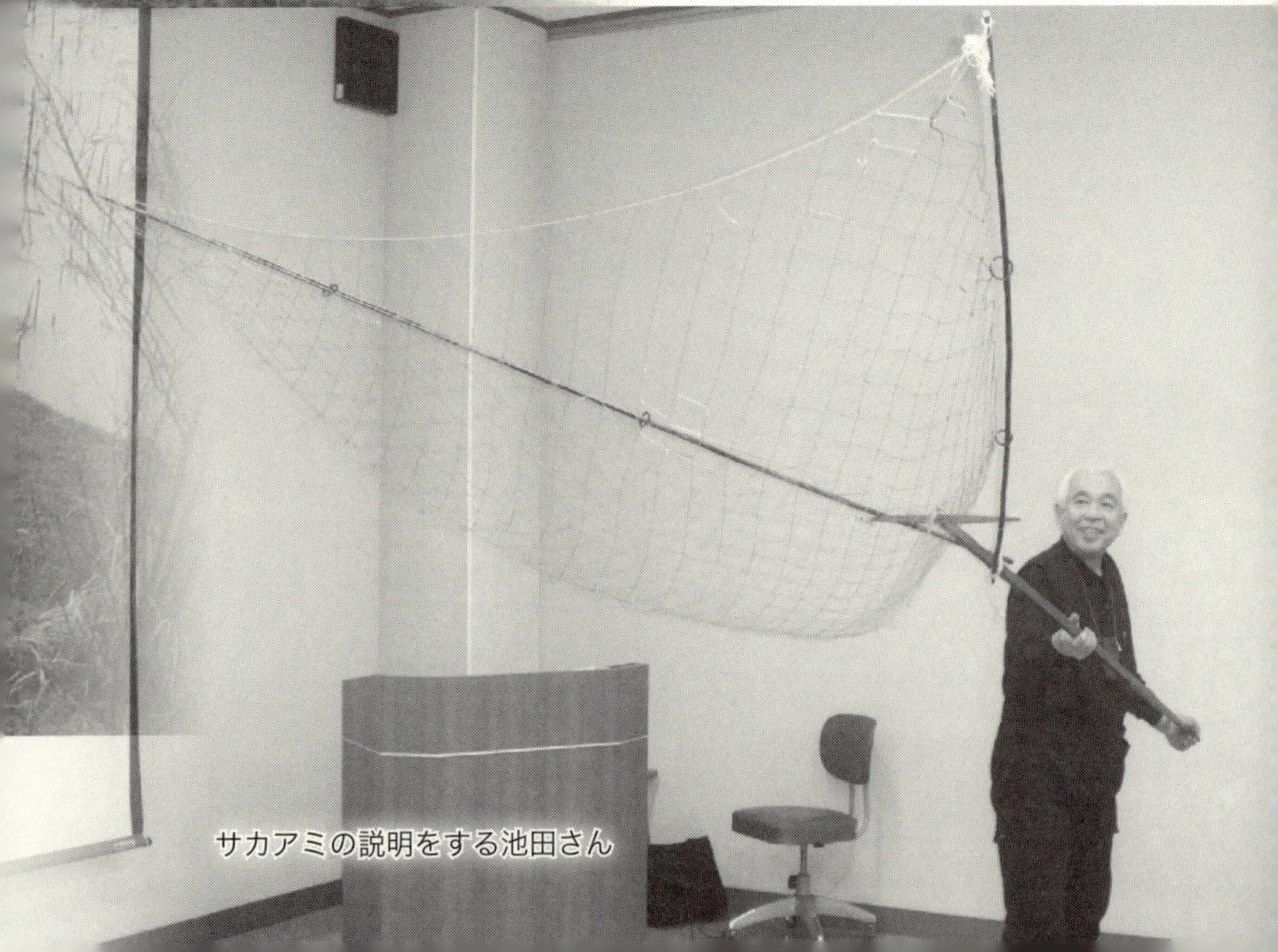

サカアミの説明をする池田さん

片野鴨池

か、「女房が妊娠しているとよく捕れる」などさまざまな言い伝えがある。みんなと共通するものもあれば、その人ごとに異なるものも多い。

「カモは松に付く」とはどういうことかと言えば、カモは臆病な動物だから、餌を食べに池を出るときにはけっして高く飛ばない。タカやワシに狙われるからである。そのため、カモは池から続く山の斜面に沿って低く、しかも開けたところを嫌ってわざと大木のすぐ脇をすり抜けるように飛ぶ。だから人は山の稜線で待ち構えるとき、できるだけ大木の近くに立つのがよいとされる。ただし、木の近くは投げ上げた網が枝に引っかかりやすいため、投げ方に注意を要する。網を投げるときの風の強さや向き、また立ち位置の状況を瞬時に判断しなくては猟が成り立たないことを、こうした言い伝えはよく示している。

（安室）

与えてもらえるだけの猟をさせてください

前川淳也さん、
昭和四十六年（一九七一年）生まれ。
猟期が始まる日、山の神への唱え言葉。

三重県熊野市神川町柳谷《やなぎだに》。日本神話に登場するイザナミの御陵として名高い花の窟《いわや》から、二〇キロほど山奥に入ったところにある。

五月の終わり、深緑の山並みを抜け、いくつかのトンネルと橋を越えた先に、八軒一八人が住まう村里を訪ねた。それまでの急峻な景色から一転、ぽっかり開けた盆地に、水田が広がる。その隅には、小さな石積み。はるか昔、この地を拓いた人のお墓だという。

高原の瀟洒《しょうしゃ》なロッジを思わせる大屋根の家。前川淳也《じゅんや》さんと奥さんの久美子さんに迎えられ、一歩上がらせてもらっただけで、たちまち木の香りに包まれた。淳也さんは大工さん。この家は、ご自分で建てたのだそう。明るい座敷に、仏壇と神棚が並ぶ。その隣のトコサンとよぶ空間には、花瓶にさした一枝のサカキ。トコガミサマ、つまりは家の守り神である。

広々としたフローリングのリビングダイニング。キッチンの脇に、たくさんの貯蔵瓶が並ぶ。梅干し、梅ジュース、ワラビ、ゼンマイ。山菜というと、すぐさま天ぷらを思い浮かべるのは都会人の勝手な思い込みであって、こちらでは貯蔵する。大切な保存食なのだ。一升瓶に漬かっているのはマムシ。小瓶にムカデまでが漬かっている。毒のある蛇や虫も、こうしてしまえば天然の薬になる。

屋敷まわりにおいた巣箱から採った日本ミツバチのはちみつを、これまた手作りだというお茶をいただきながら味見させてもらう。濃厚で香り高い甘味に、気持ちまでほぐれる。

久美子さんがキッチンで、ジュー、パチパチ、と軽やかな音をたてながら調理している。出されたのはシシ（猪）肉のソテーと、トンカツならぬシカカツ。どちらも臭みがまったくなく、シシに至っては、脂身に甘みすら感じる。処理の仕方にコツがあり、皮を触った手で絶対に肉を触らない。毛や皮にとくにきつい臭いがあるからだという。

お父さんの代から使っているという散弾銃は、手元の銀の飾りが美しい。猟期は十一月一日から三月十五日まで。その始まりの日の早朝、山の神をまつっているお社《やしろ》に行き、まずは一年間の感謝の気持ちを伝え、そしてこう唱える。

「今年も与えてもらえるだけの猟をさせてください」

不思議なもので、目の前にいるシシを撃っても当たらない時があるかと思えば、一〇〇メートル先のシシに当たることもある。人智を越えた何かをそ

不思議なもので、
目の前にいるシシを撃っても
当たらない時があるかと思えば、
一〇〇メートル先のシシに
当たることもある

父譲りの銃を構えてみせてくれた前川淳也さん（2016年5月23日撮影）

こに感じるのは、ごく自然なことだ。その一方で、「猟は動物との知恵比べ」ともいう。罠を仕掛けるためには、一週間ひたすら観察して、獣たちの通り道を調べるという緻密さである。

このごろは、シシやシカ、サルなども増えて、猟期以外にもそれらの有害駆除で忙しい。家の脇には、猟の大切なパートナーである犬たちの小屋が並ぶ。一頭につき一部屋。高級マンションだ。

数年前、紀伊半島南部を台風が襲い、道が寸断されて、柳谷は孤立した。救援のヘリコプターが飛んできたが、備蓄の食料で何ら不便はなく、どうぞ他を助けてやって、と手を振って送り出したという。

「夏になると、ホタル。まわりの山から降ってくる。そりゃ、みごとやで」と淳也さん。

熊野の山ふところで、動物と、植物と、虫と、そして人間とがともに命を分けあう。失《な》くしてはならない大切な場所を、またひとつ見出したような気がした。

（山本）

石は割れたい方にしか割れん

村上安直さん、愛媛県今治市宮窪町、昭和二十三年（一九四八年）生まれ。

見たことのない人には信じられないかもしれないが、花崗岩は五メートルの大きさでも、一〇メートルの大きさでも、鉄の楔《くさび》を打ちこむことで、まっすぐに割ることができる。ただし、それは「石の目を見る眼」を持っていればの話である。

石を焼き切るジェットバーナーはまったくの別ものだが、鑿岩機《さくがんき》を使う場合、石の表面に穴をあけて、そこに矢と呼ばれる楔を打ちこんで割るという方法は、この技術が大陸から伝わってきた十二世紀から変わっていない。昔は鑿《のみ》をセットウでたたいて、コツコツと穴をあけていたところを、現在は機械を使っているというだけで、石を矢で押し開いて割るという物理的な働きかけは、今も昔も同じである。平安末期の石仏も、大坂城の石垣も、現代の墓石も、もとの石材はそうやって切りだされてきたのだ。

もちろん、簡単な技術ではない。花崗岩には目と呼ばれる節理があって、これが味方にもなれば敵にもなる。一番割れやすい面とそれに垂直に交わる二番目に割れやすい面、そして、それらふたつの面に垂直に交わるもっとも割れにくい面。石屋さんは、割れやすい面に対しては小さい矢を使って、それも少ない数の矢で効率よく石を割るし、割れにくい面に対しては大きめの

花崗岩は
一〇メートルの
大きさでも
鉄の楔《くさび》を
打ちこむことで
まっすぐに割る
ことができる

ただし、それは
「石の目を見る眼」を
持っていればの話である

現在の採石場の風景

矢をたくさん打ちこんで確実に割るのだ。

こうした石の目とは違う角度で割ろうとしても、石はかならず目に沿って割れようとして、予定とは違う方向に亀裂が走ってしまう。だから、石屋さんは石の目を確実に見極める眼を持っていなければいけない。

それでも、石のなかには外からでは見えない傷があったりして、目とは関係のない方向に割れてしまうこともある。腕のたつ職人さんが、どれだけ入念に準備をしても、最終的には割ってみないとわからない、ということらしい。

前章の「欲がからんでくるけん、覚えるのは早いわいね」の項で紹介した、石屋歴五十年の村上安直さん曰く、「石は割れたい方にしか割れんのよ」。

この言葉が、石屋さんではない私たちの心にも響くのは、なぜだろうか。


（松田）

石は
割れたい方にしか
割れん

そりゃコメこぼしたね

民俗調査の折り、長野の西山で出会った八十歳代のおばあさん。調査も終わり、お茶をいただきながらの雑談の最中。

民俗学などを生業にしていると、聞き取り調査の折り、お年寄りと話をしていて色々な言葉にぶつかることがある。方言のように、まるで何と言ってるかわからないこともけっこうある。

「そりゃコメこぼしたね」という言葉は、たしかに、字面の上では何を言っているのか理解できる。にもかかわらず、その意味するところがまったくわからなかった。

今から三十年以上も前、たしか一九八五年（昭和六十年）頃だったと思う。長野市の博物館に就職したばかりの頃であるが、民俗調査のために訪れた善光寺平（長野盆

西山の集落

地）の西側に広がる山間地いわゆる西山と呼ばれるところでの話である。

調査も終わり、それまでお話をうかがっていたおばあさんと、お茶をごちそうになりながら世間話をしているときだった。最近あった自分の失敗談を私が話していると、おばあさんは「そりゃ、コメこぼしたね」と合いの手のように言葉を挟んで、うなずいた。

そのときは何のことだかわからなかったが、職場に帰り、その話をすると、たまたま西山出身の人がおり、それは「もったいないことをしたね」「残念だったね」という意味の言葉で、話の合間に挟む、まさに合いの手のようなものだと教えてくれた。現代の感覚で言えば、「あーぁ」「やっちゃったね」といったところか。

戦後も高度経済成長期に東京で生まれた私にとっては、日本人は稲作民族、その文化は稲作文化、といわれても、どこかぴんとこない。民俗学者の柳田国男はそれを予見するように、日本人がコメを常食するようになったら新しい文化の段階に入ったといったが、まさにその感覚である。

そんなとき、現代でも、コメをこぼすことが、まだ嘆息の表現として機能していることをはじめて知ったのである。聞き取り調査で昭和はじめの生業や食べ物の話を聞けば、コメがいかに大切なものであったかという話は必ずといってよいほどに聞けるが、そうしたことが、会話の中の相槌という無意識の領域にまで浸透していたことに今更ながら感動したことを覚えている。

（安室）

第3章
生きて出会う喜び

あなたの目の前の伝承を見つめてみては

児童文学作家、松谷みよ子さんの一言。学校の怪談に関心をもったきっかけ。

一九七三年（昭和四十八年）に都内の公立中学校の教員になった。授業、生活指導、部活動と中学校の現場は毎日忙しかったが、それでも今とはちがって、夏休みや冬休みなどは比較的自由に活動することができた。

学生時代から民話に興味があったので、長期休暇を利用して北陸や東北地方によく出かけた。土地の古老から昔話や伝説を聞かせてもらうためである。四キロちかいオープンリールのテープレコーダーを肩にかけて歩いた。まもなくカセットレコーダーが普及して移動と録音は楽になったが、しかし、年を追って語り手と巡り会う機会が少なくなっていくのを肌で感じていた。

そんなとき、ある会合でたまたま児童文学作家の松谷みよ子さんと隣り合わせて座った。話題が民話のことに及んだとき、昔話の語り手に出会う機会が年々きびしくなっている現状を話すと、松谷さんは少し間をおいて、

「あなたの目の前の伝承を見つめてみては」

と言われた。

そのとき、私には「目の前の伝承」という意味がピンとこなかったが、松谷さんの言葉はみょうに気になった。当時、私の目の前にいたのは中学生で

民話の聞き書きは
都会ではできない
草深い山村で
古老から聞くものだ
とばかり思いこんでいた

ある。教員として朝から晩まで毎日子どもたちと接していたが、しかし、彼らがどんな話に関心があって日々話題にしているか、ほとんど知らないことに気づいた。

そこで、クラスの話好きの子どもたち数人から放課後に話を聞いてみた。一九八五年（昭和六十年）のことである。最初、子どもたちはとまどっていたが、だんだんこちらの意図がわかってくると、つぎつぎと知っている話を語ってくれた。一週間で百話を超える話を聞くことができた。それらを整理してみると、「桃太郎」のような昔話はほとんど無くて、うわさ話が多いことに気づいた。なかでも、学校にまつわる怪談や妖怪話が群を抜いていた。これが、学校空間を舞台にした怪談を口承文芸の立場から取り上げてみようと思うようになったきっかけといってよい。

子どもたちから話を聞くまで、なぜか、民話の聞き書きは都会ではできない、人混みを離れ、草深い山村で古老から聞くものだとばかり思いこんでいた。十代前半の東京の子どもたちから話を聞くなどという発想はなかった。「目の前の伝承」は、私の硬直した思考を解きほぐしてくれた一言である。

（常光）

大漁したときは進《すす》ましい気持ちで帰るもんでごわす

尾形栄七さん。
明治四十一年（一九〇八年）生まれ、漁師。
「大漁唄い込み」の録音現場で。

私が民俗調査に対して、何とかこの世界で生きていけそうな自信をもつことができたのは、三十歳のときに、宮城県教育委員会から民謡緊急調査の調査員を委嘱されたときである。対象とされた民謡は、それぞれの地域で古くから伝承されてきたものに限られたが、私が住んでいた気仙沼市は当然のことながら、漁撈《ぎょろう》に関する歌の採集が期待された。気仙沼地方には特別な艪《ろ》こぎ唄こそなかったが、大漁したときに船上で古くから歌われていた「大漁唄い上げ」があった。

唄の理解は後回しにして、私はとにかく、やみくもに「唄い上げ」を歌えるお年寄りを捜しあるいた。昔はカツオ一本釣り船だけでなく、イワシの二隻曳きの網船でも「唄い込み」の名で歌ったことを聞きつけて、私は典型的な網漁村であった気仙沼市小々汐《こごしお》（旧鹿折村《しかおりむら》）へ足を運び、〈仁屋《にんや》〉という屋号の家の尾形栄七翁（明治四十一年＝一九〇八年生まれ）を紹介された。

「唄い込み」は、船上では船頭一人と、艪をこぐ六丁艪二隻の多人数の囃子《はやし》によって成立していたものなので、集落の人々が集まる、村社の八幡神社の祭礼に神輿《みこし》が小々汐に立ち寄ったときに歌ってもらうことになった。しかし、当日になって思わぬことに出くわした。歌う直前になって、仁屋のおじいさんが、こっそりと私に近づいてきて、「オメさ一つだけ頼みがある」と耳元でささやかれた。「何ですか？」と尋ねると、「大漁したときは、進ましい（晴れ晴れとした）気持ちで帰るもんでごわす。少し酒コ飲ませで、いい気持ちにさせてけねべか？」という願いであった。

「昔どおりに歌ってください」という私の要望に対して、これほど誠心誠意答えてくれる尾形栄七翁に、私はすっかり脱帽してしまった。しかも、おじいさんの一言で、私は「歌」に対する考えが一八〇度ひっくり返るほどの、大き

オメさ一つだけ頼みがある
少し酒コ飲ませで
いい気持ちに
させてけねべか？
人間と海とのさまざまな関わりを教えてくれた尾形栄七翁（1990年9月2日撮影）

な衝撃を受けたのであった。私はそれまで、学校教育の音楽の授業で習ったように、音符に沿って正確に美しい声で歌うのが「歌がうまい」と思っていた。しかし、私はその瞬間、何か「歌の本質」のようなもの、一番大切なものを垣間《かいま》見たような気がした。私は喜んで、おじいさんに杯を渡した。

小々汐の尾形栄七翁は、ある日、大漁と星の話もしてくれた。十月から十一月ごろの夕方四時から五時半にかけて、西の方角にひときわ光る星（宵の明星）が見え、それを「カメドリボシ」と呼んだという。一時代前までは、気仙沼湾でもイワシが捕れていて、秋網で大漁をしたとき、タモを持って、網から船のカメ（魚槽）にイワシを汲み上げるときに見えていた星だという。大漁をした漁師が、胸がすくような気持ちでその星を見上げたであろうと思えるような、すがすがしい命名である。現代の人々は、そのような思いで「宵の明星」を見上げることはできなくなった。

（川島）

大漁したときは
進ましい気持ちで
帰るもんでごわす

カミ、ホトケは見ゆう

渡邉功さん、
昭和十二年（一九三七年）生まれ。
高知の街路市で、父の代から
サカキとシキビを売る。

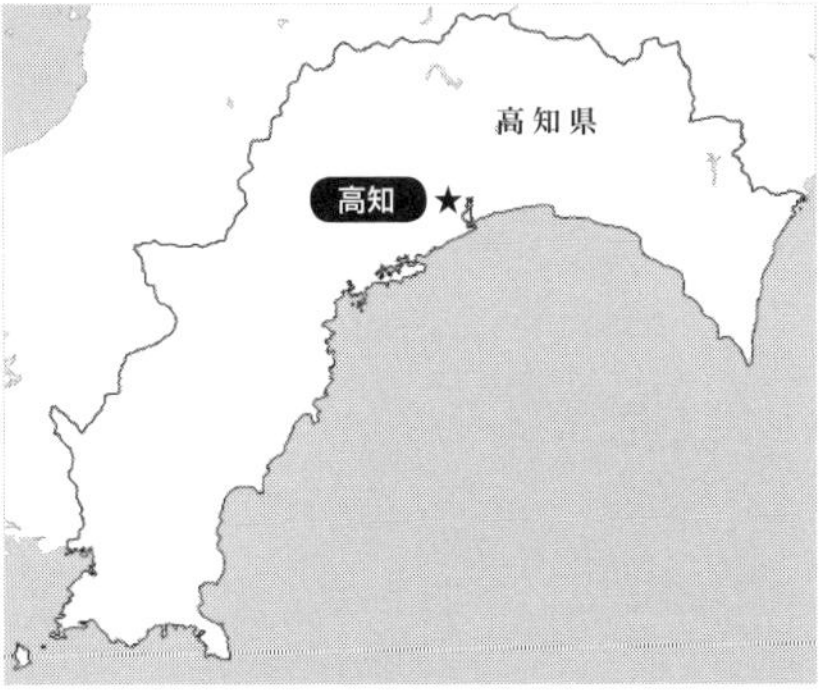

高知の日曜市は、およそ五〇〇もの店が並ぶ国内でも随一の歴史ある定期市だ。ほかにも市内各所で曜日を違えて市が開かれるので、ここ十数年足を運んでいる。

ある二月の朝、火曜市をぶらぶらしていて、異様な人だかりの店に気がついた。のぞくと、おじさんがひとり、緑の枝葉に囲まれて座っている。パチン、パチンと枝をハサミで切り、目方を量って新聞紙でくるむ。「はい、おかあちゃん、一五〇万と出たで」。一五〇円とはずいぶん安い。サカキ（榊）とシキビ（樒《しきみ》）だけを扱う店。この商売がどうやって成り立っているのか知りたくなった。

店主の渡邉功さんは、高知県北西部の檮原《ゆすはら》出身。戦後、一家で市内に移り住み、父がこの商売を始めた。当初は、山に自生する枝を父が自分で採って売っていた。その後人工栽培を手がける山主が現れ、伐採専門の切子《きりこ》とよばれる技術者が、枝の生育と管理を請け負うようになった。

高知の家々では、サカキは神棚、シキビは仏壇や墓地に、年間欠かさず供える習慣がある。そのため、渡邉さんが店を出す四つの市それぞれに得意客が大勢いる。そのお客さんが口を揃える渡邉さんの店の評価ポイントは、品物がよいこと、良心的なこと（枝を切ってから計量するため）、そして話がおもしろいこと。見ていると、確かに手の休まる間もなければ、口の休まる間もない。「元気が出る、おじさんとこ来たら」とみんな笑顔で帰っていく。

お客さんが途切れた間に、こんな話を聞かせてくれた。

「花市（場）で仕入れとったら、とうにやめちゅう。切子も抱えとるし、山主にも還元しちゃらないかん。それでやめれん」

リヤカーや秤、陳列台などは、いずれも父の代から使い続けている。コストを抑え、薄利多売をモットーに、休まず街路市に出勤する渡邉さんは、山主と切子を介して成り立つ小さな流通の最前線に立っている。その自負が、商売を続ける支えになっている。

売り値も、父の代から変えていない。「親父にいわれた。サカキ・シキビは儲けて売りよったらいかん。金持ちにも貧しい人にも、福や神はある。貧しい人にも祀《まつ》れるように売らないかん。それが遺言やった」

とはいえ、背に腹は代えられず、一度だけ値上げをしたことがある。新芽が出る初夏のころは品薄で、なかなか利益がでない。そんな時期、「ちょっと、値ば上げたわね。一万円ば、儲けた、火曜市でね」

サカキ・シキビは貧しい人にも祀《まつ》れるように売らないかん

それが親父の遺言やった

最後の日曜市にて（2012年3月25日撮影）

ところが、帰り道で、リヤカーを軽自動車に接触させてしまった。

「カーブ曲がるときに、リヤカー振ってね。軽四にコト、ゆうたら一万なんぼ。一万儲けて、一万五千円ばとられた。カミ、ホトケは見ゆう」

それ以来、一度も値段を変えたことはない。

親子二代、六十年続いた商売を渡邉さんがやめたと聞いたのは、平成二十四年（二〇一二年）三月。理由は、切子の病気。従来の方法で品物を仕入れることができなくなったことによる。いかにも、自他共に認める「いごっそう」（頑固で一本気な土佐の男性）らしい決断だ。

今でも、折にふれて街路市を訪れるが、どこかにぽっかり穴があいたような思いがよぎる。あのパチン、パチンという軽快なハサミの音と名物翁が、無性に懐かしい。

（山本）

雨でも行く
正月でも行く

科学技術の粋を集めた
ＪＡＸＡ（宇宙航空研究開発機構）の
ロケット発射基地がある
種子島の南種子町《みなみたねちょう》には、
すべて人の手でおこなう
独特なカモ猟が伝えられている。
そこで代々カモ猟をおこなってきた
小川巧作さん（大正八年生まれ）の言葉。

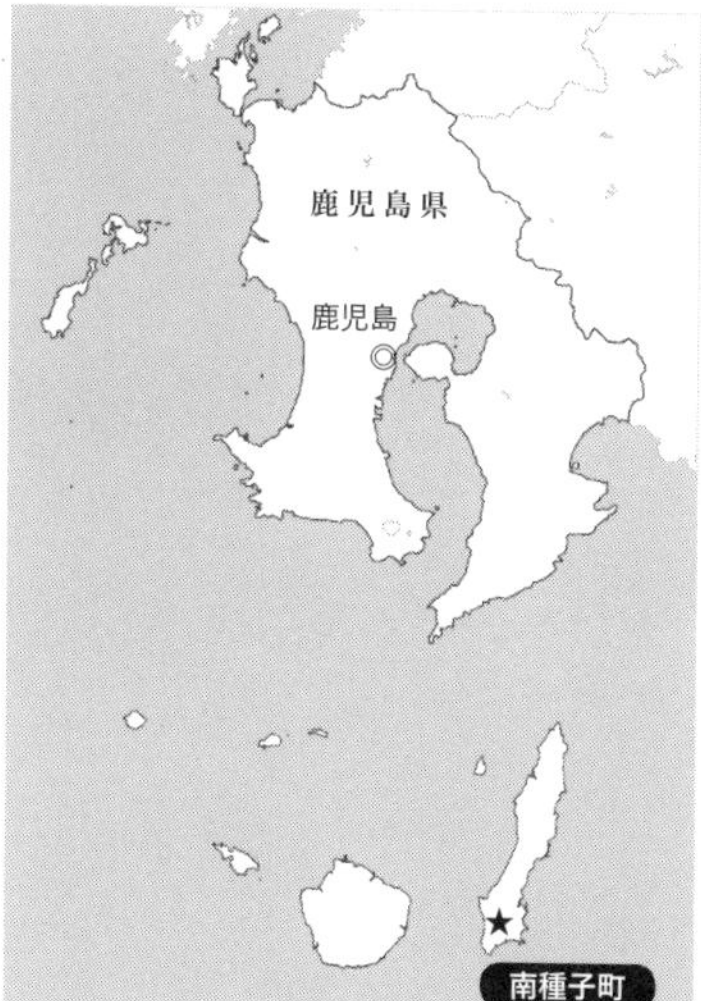

種子島の南種子町茎永《みなみたねちょうくきなが》はＪＡＸＡのロケット発射基地としてたびたびニュースに登場する。そこには、一般にはほとんど知られていないが、鹿児島県の民俗文化財に指定される独特なカモ猟が伝えられている。その猟法がツキアミ（突き網）である。ツキアミは、前章の「カモは松に付く」の項でも取り上げたように、「低技術、高技能」の猟法だ。ロケットが日本における科学技術の粋であるなら、ツキアミはカンやコツそして経験のいっぱい詰まった技能であるといってよい。

そのツキアミ猟について、小川さんは「雨でも行く、正月でも行く」というう。「雨でも行く」とは、どんな状況でもそれに対応した猟のやり方があるということ、もっといえば猟師としての腕の良さを象徴する言葉である。「正月でも行く」とは、この猟がどんな状況でも行きたくなるほど面白いものであることを示している。

ツキアミによるカモ猟は、十一月十五日から翌年の二月十五日までの約三カ月間が猟期となる。小川さんは本業はサトウキビなどを栽培する農家だが、狩猟期間中はほぼ毎日猟に出たという。それは、ツキアミ猟が農作業に差し支えない夕方の時間帯に、しかも三十分ほどの短時間でおこなうことができるからである。

家から猟場となる池の周りの山までは徒歩で行くことができる。一度猟に同行したときは、小川さんのお宅から出発してほんの十五分ほどで猟場に到着した。猟場は人里離れた静寂なところをイメージしていたので、あまりに人家から近いため拍子抜けしたことを覚えている。その意味では、狩猟という固いイメージはなく、じつに手軽なカモ捕りである。さらに言えば、車やボートまた猟犬などを必要とする銃猟に比べると、手間もお金もかからない。

なので、小川さんの場合、日が沈む三十分ほど前に家を出る。そして猟場につくと、ツキアミを三つか四つ組み立てる。ツキアミは、一辺が一・八メートルほどの三角網である。普段はたたんで置いてあるが、構造は単純なため、一つ当たり数分で組み立てられる。網さえ準備できれば、あとは時が来るまでたばこを一服。

そして、日が暮れる十五分くらい前になると足場に上ってツキアミを構える。夕暮れ時のわずか十五分ほどが勝負である。陽が暮れ始めると池で羽を休めていたカモたちがいっせいに餌場となる水田地帯へ飛び立つ。そうして

ツキアミ猟の準備をする小川さん

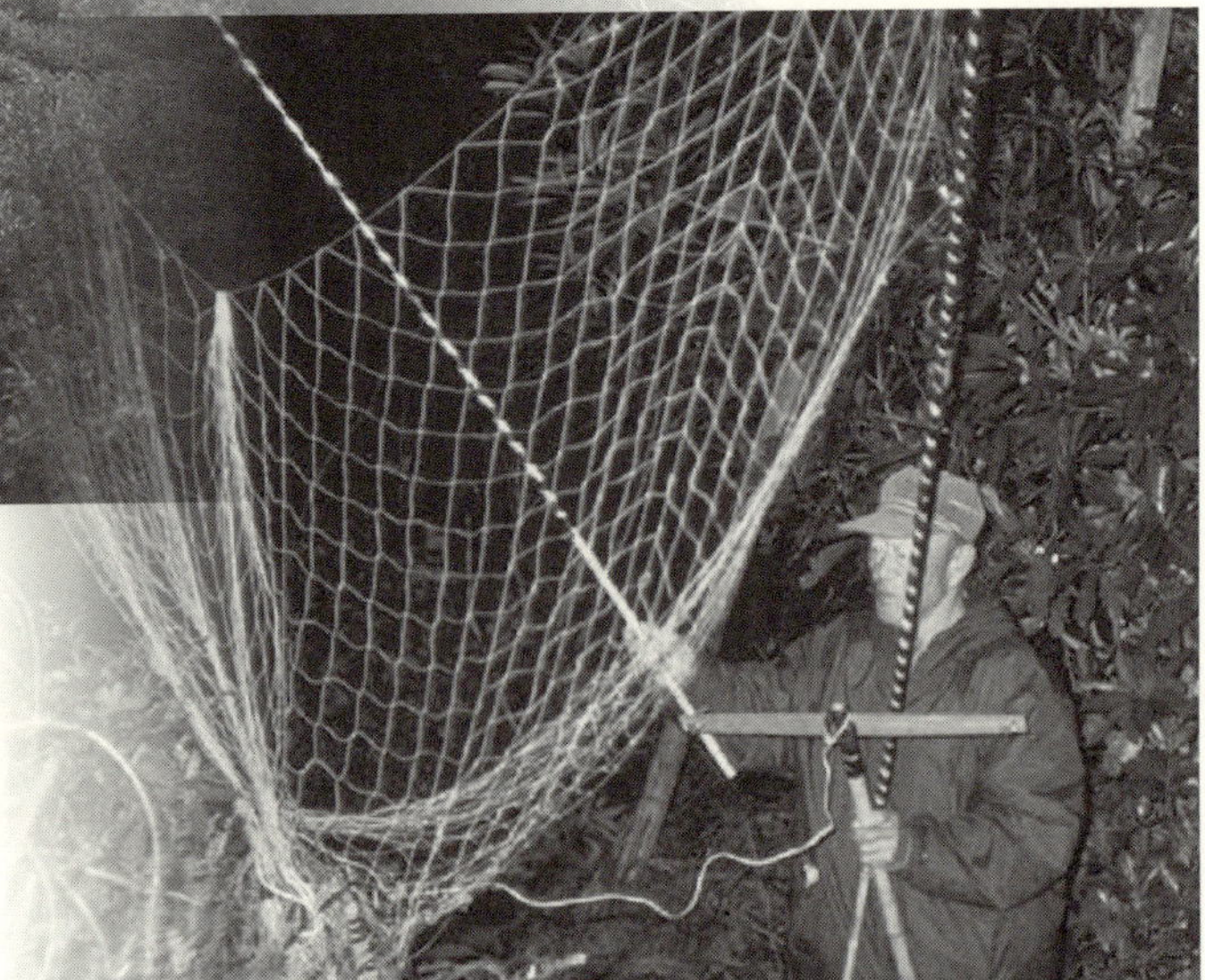

ツキアミの猟場、宝満池

どんな状況でも
猟のやり方がある
どんな状況でも
行きたくなるほど
面白い

飛んでくるカモをツキアミで生け捕りにするのである。このツキアミ猟、見ていても面白いが、やるのはもっと面白い。

小川さんをはじめ茎永で猟をする人にはみな言えることだが、ツキアミ猟は稼ぎが目的ではない。だから正月のような祝日でも行く。正月は本来ハレの日であるため仕事は休んで神祭りをしなくてはならないが、稼ぎを目的としないツキアミ猟は仕事ではないからおこなってもなんら問題はない。むしろツキアミ猟は子どもの凧揚げや羽根つきといった遊びに近い。だから、正月でも猟に行くし、雨や雹《ひょう》が降っても厭《いと》わないのである。もしそれが仕事であったら、正月のようなハレの日におこなうことは「怠け者の節句働き」として戒められたり、陰口をたたかれたりするにちがいない。

（安室）

頼ってくれてありがとう

青井安良さん、七十一歳。
カツオ一本釣り船船主。
震災後のつながりの現場から。

高知県中土佐町久礼《くれ》のカツオ一本釣り船の元船頭である青井安良さんとは、もう十年近くのお付き合いになる。久礼の順洋丸の船主でもある青井さんは、私が住んでいた宮城県気仙沼市に仕事で来たときには、必ず酒席に誘ってくれていた。

気仙沼港は生鮮カツオの水揚量日本一を誇り、今年まで二十年間連続して記録を更新している、三陸沿岸で有数の漁港である。六月から十一月までのあいだ、三重・高知・宮崎などからカツオ一本釣り船が気仙沼港に集結し、そのざわめきは町中に響きわたるほどの活況を生み出している。そのような気仙沼港で高知の元船頭さんと交流を続けることは、いかにも気仙沼らしい、誇らしいこととして、私はその関わりを大切にしていた。

その青井さんのことを私が「安《やっ》さん」と親しく呼びかけ、それまで以上に大きな信頼を寄せるようになったのは、東日本大震災後の、彼のたった一言に端を発している。東日本大震災による大津波のため気仙沼の町や魚市場は壊滅的な被害を受け、私も自宅を流され、母親を失った。

安さんにとっても、気仙沼は若いころから足を踏み入れてきた「第二の故郷」であり、青春の軌跡の町である。震災後すぐに、気仙沼の町のことをよく知っている、この元船頭さんと、酒を酌み交わしながら気仙沼のことを話していると、悲しいとか悔しいという感情があふれる前に、涙が目尻から静かに流れてきてしようがなかったことを覚えている。

こちらの仕事で久礼に行ったのが、震災からちょうど二年目の日。私は三月十一日の夜を一人ですごすことがいたたまれず、初めて私のほうから青井さんに、その夜は一緒に居てほしいと願ってみた。いつものように酒盃を交わした後で、何気なく「いつも頼ってばかりいて済みません」と青井さんへ言ったら、彼は「なんちゃ、なんちゃ(気にするな)、かえって頼ってくれて、

なんちゃや、なんちゃや(気にするな)

オカでテントシートを補修する、船頭時代の青井安良さん（40歳ごろ）

ありがとう」と感謝の言葉を返されたのである。

私は今、その言葉の深い意味を考えている。おそらく、海という、危険を孕《はら》んだ仕事場で生きる漁師たちにとって、海難事故などに遭った船に対しては、それに関わる者たち全員によって助け合うのが、漁師たちの暗黙の約束であった。いつ自分たちが同じ目に遭うか知れたものではないからである。そのような海に対する、漁師たちの謙虚で協力的なありかたが、「頼ってくれてありがとう」という言葉に出たのではなかったかと思っている。

むしろ「協力」という言葉さえ超えてしまうような、親密で、かつ知った顔同士の無意識の信頼感というものではないだろうか。荒ぶる自然に立ち向かうことから生まれた共同性は、オカの生活のなかでも支えあっていたものに違いない。

（川島）

雪が消えて土が見えると会いたかったもんに会った気がする

古川マツノさん、
昭和十一年（一九三六年）生まれ、農業。
野菜のフリウリ（行商）を
五十年ほど続けている。

「町近《まちぢか》もんの畑どこ」。マツノさんが住む新潟県上越市下新町は、中心市街の高田から東に五キロほど行ったところにある。米どころで知られる越後だが、この周辺は畑が多い。そこでいつしか、こうよばれるようになった。

かつて盛んだった高田の町へのフリウリ（野菜行商）を、ただひとり続ける人がいると聞き、マツノさんを訪ねたのは、平成十二年（二〇〇〇年）七月の終わり。夫の芳弘さんと一緒に、野菜を洗ったり束ねたり、翌日の準備の真っ最中である。その手を休めて、収穫したばかりのマクワウリをいただきながら、蝉の声が降りしきる午後、話をうかがった。

昭和三十年（一九五五年）、東頸城《ひがしくびき》の松代《まつだい》（現、十日町市）からお嫁に来たマツノさんは、長男が生まれてまもない昭和三十三年（一九五八年）、姑からフリウリの仕事を受け継いだ。初めのうちは、「ごめんください」という最初の一声がなかなか出せなくて、「明日、野菜売りに行くかと思うと、せつなくてせつなくて……」と夜も寝られないほどだった。

転機は昭和四十年代後半。フリウリ仲間との競合を避けるため、新しくできた住宅地に思い切って得意先を変えた。核家族化に合わせて、品揃えや畑の作付けにも工夫をこらす。ちょうどそのころ、思いがけない夫の交通事故。生計を賄うため、昼間は近くの会社で働き、夜になるとリヤカーを引いてフリウリに出た。

「夜の蝶来たよ、夜の蛾だなぁ、みったくないのにね、なんて言ってはね、街灯の下で商いした」

なによりも、畑を荒らしたくなかった。「勤めなんか、一生出てらんないもんね」。いつかは畑仕事に精を出す日が戻ってくる。その時のために、少量でも野菜を作って、夜なべの商いを続けた。

平成十二年（二〇〇〇年）十月、マツノさんの商いに、一日同行させてもらった。オートバイでリヤカーを引くマツノさんの後ろを、自転車で必死に追いかける。得意先がある一角にリヤカーを止め、トレードマークのビーチパラソルを広げる。「まいどー、いつもお世話になります、八百屋でーす」。朗らかなマツノさんの声に、近所の奥さん方が財布片手に集まってくる。

帰りがけ、「フリウリで一番うれしいことは何ですか？」と聞いた。「その日の売り上げがいくらになったか、夫婦二人で勘定しているときが一番幸せ」

まだ若い嫁だったころ、財布の紐をにぎっていたのは親たちで、夫の稼ぎ

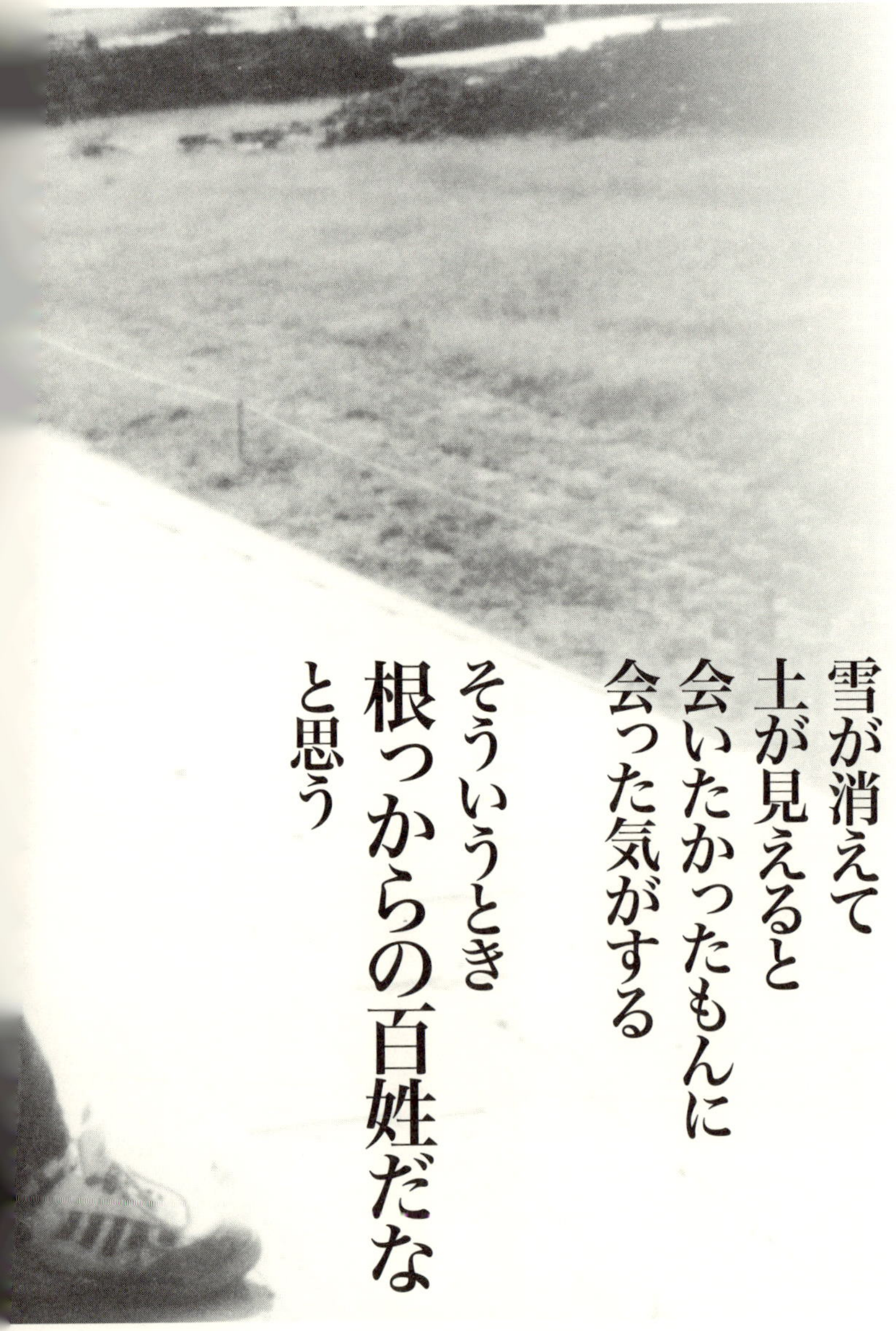

雪が消えて
土が見えると
会いたかったもんに
会った気がする
そういうとき
根っからの百姓だな
と思う

関川の土手で休憩する古川マツノさん
（2000年10月22日撮影）

から何から、一銭も自分の手元に入ってこなかった。唯一、フリウリの稼ぎからわずかずつでもためたお金のみが小遣いで、これがあったからこそ、子どもにおしめやミルクも買ってやれた。

「欲、出てくるんだよね。畑もさ、今年はナスをもう二畝《せ》（約二アール）増やそうとかさ。そうやる才覚ができてくる」

平成十六年（二〇〇四年）に夫が他界。茫然自失の日々のなか、再び畑に向き合う力を与えてくれたのは、マツノさんの来訪を心待ちにするお得意さんの声だった。それからは、年齢に見合ったペースに変えながら、八十歳になった今も、リヤカーを引いてフリウリを続けている。

「春になって雪が消えて土が見えると、会いたかったもんに会った気がする。そういうとき、根っからの百姓だな、と思う」

商売に同行した日、畑で聞いた言葉。

さまざまな人生の節目を経つつ、傍《かたわ》らにいつもあった、畑とフリウリ。雪深い越後に暮らす人の大地への愛着と、その大地に寄り添って生きる充足感を、このとき教えられた。

（山本）

雪が消えて土が見えると
会いたかったもんに
会った気がする

川が変わって鮎が住みつかなくなった

田村政孝さん、昭和五年（一九三〇年）生まれ、竿師。

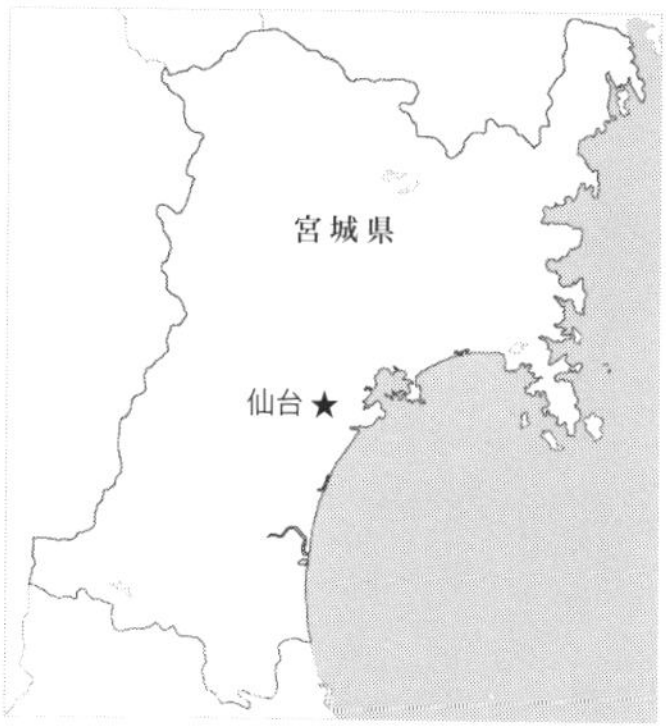

「川が変わって、鮎が住みつかなくなった。おそらく川底の石が変わったからだろう」

竿師であり、釣師でもある政孝さんがぽつりと吐き出した。

政孝さんは、わずか八歳で竹竿の製作を試み、十歳の時には先代である父の竿の倍の値で売ったという伝説の竿師である。その十歳時のエピソードが圧巻だ。仙台市内某所の沼で自分が作った竿で釣りをしていた時、鉄砲撃ちをしていた猟師がその釣れっぷりに驚き、猟をやめて竿をせがんだという。

仙台竿は和竿のひとつで、日本産竹を材料とした継ぎ竿のことを指す。藩祖伊達政宗が鮎釣りに愛用していた竿を作らせて以来伝承されてきた竿と言われている。仙台竿師は、昭和三十年（一九五五年）以前には多い時で二十一名、昭和三十年には十六人いたと言われているが、現在は彼しかいない。

もう一つエピソードを紹介しておきたい。

政孝さんが小学校高学年になった頃の話。近所の酒屋の旦那が、広瀬川で釣りをしている大人の人が鮎を釣ろうとしてもなかなか釣れないのを見て、政孝さんに「貴様なら釣れるから行ってみろ」と言ったそうだ。

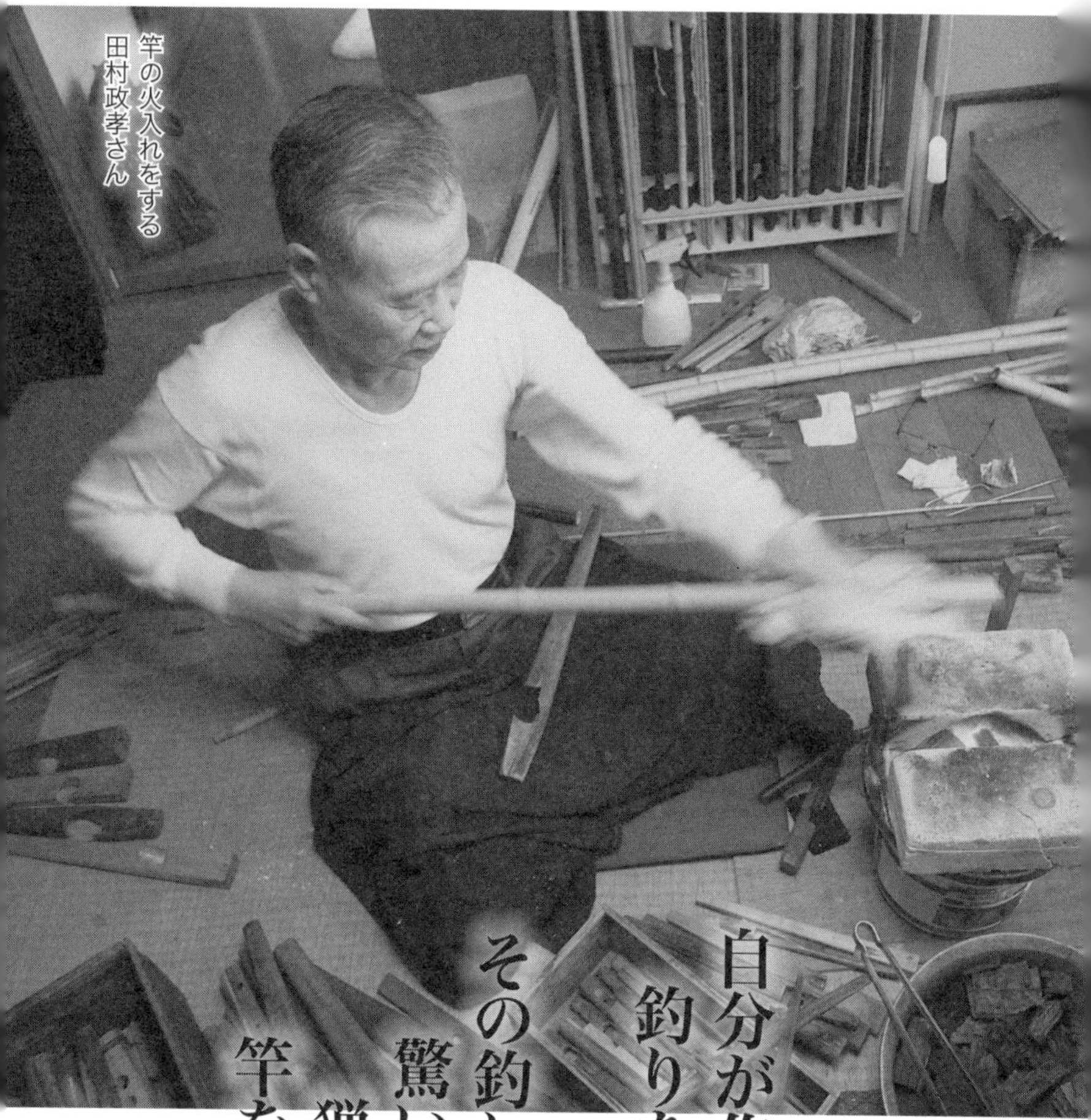

竿の火入れをする
田村政孝さん

十歳の時
自分が作った竿で
釣りをしていた
その釣れっぷりに
驚いた猟師が
猟をやめて
竿をせがんだ

政孝さんは、この話を聞いて、先代の竿師（政孝さんの父親）が使用しないで捨てた竹を使って、魚を一匹も外さない竿を作ったことがあったとのこと。この時、釣れるかどうかを確かめるために、近所の自動車屋の社長、時計屋の店主、骨接《ほねつ》ぎ医者、電気屋の社長の大人四人が証人になった。

愛宕《あたご》神社に鐘が鳴る夕暮れ時の小一時間、六寸五分から七寸八分ぐらい（約二〇〜二四センチ）の鮎を立て続けに三十匹釣った。

この出来事が、彼の父親に竿づくりの腕を認めさせ、竿師になるきっかけになったのである。

話ははじめに戻るが、「川が変わって、鮎が住みつかなくなった。おそらく川底の石が変わったからだろう」という言葉は、釣りを楽しむ一人の釣り人として、郷土の川を愛する心の表れだ。

仙台の釣魚《ちょうぎょ》文化の発展には、伝統的な釣り竿の製作技術だけでなく、自然への鋭い観察を忘れない竿師が必要不可欠だったのである。

（車田）

捕るばかり守るばかりでは駄目じゃないか

日本野鳥の会の大畑孝二さんは、昭和三十四年（一九五九年）生まれ。猟師といっしょにカモを食べることのできるレンジャーだ。

石川県加賀市大聖寺の片野鴨池は、日本野鳥の会など自然保護に興味のある人たちにはよく知られた池である。水鳥を保護するための国際条約、通称ラムサール条約の登録湿地で、ガン・カモ科の鳥類が多く飛来する潟湖《せきこ》として世界的に有名だからだ。

ラムサール条約とは、正式には「とくに水鳥のための生息地として国際的に重要な湿地に関する条約」のことだが、その中で「ワイズ・ユース」という考え方が提起されてきた。ワイズ・ユースとは、地域に長く伝えられてきた技術は、その地域の環境に適応的なものであり、むしろ環境の保全に役立ってきたとする考え方のこと。「捕るばかり、守るばかりでは、駄目じゃないか」とは、まさにワイズ・ユースに合致した考え方であるし、それを具体的にわかりやすく教えてくれる言葉である。

そのラムサール条約の登録湿地を保全・活用するための施設として加賀市が建設したのが片野鴨池観察館であり、運営には日本野鳥の会からレンジャーが派遣されてきている。

そうした片野鴨池には、一見すると矛盾のように思えるが、サカアミ（坂網）と呼ぶ伝統カモ猟が長く伝えられている。サカアミは、カモが夕方餌場に向かうため池を飛び立つ時を利用して、一辺が一・八メートルほどの三角網で飛んでくるカモを生け捕る猟だ。現在は日本全国でも四カ所にしか伝承されていない珍しいカモの猟法である。そのため、石川県ほか、鹿児島県、宮崎県でも、同様の猟法が県の民俗文化財に指定されている。

そんな伝統カモ猟について話を聞きたいと思って初めて鴨池に出かけたのが、一九九一年（平成三年）冬のこと。そのとき、片野鴨池観察館にレンジャーとして常駐していたのが、日本野鳥の会の大畑孝二さんだった。

一九九三年（平成五年）に片野鴨池はラムサール条約の登録湿地となるので、私が訪れたのはその二年前ということになる。当時は、ワイズ・ユースという考え方は一般化しておらず、日本野鳥の会を中心とする自然保護派の人びとと、伝統カモ猟を守ろうとする在地住民との間で鋭く意見が対立していた。ときには、猟に出ようとする人を自然保護派の人が押しとどめるというような小競り合いまで起きていた。そんな中、のこのこと出かけて行きサカアミ猟について民俗調査をしようとしても、うまく行くはずはない。自然保護派の人たちからは「そんなカモを捕る技術を調べてどうするのか」と批判され、地元の猟師からは「都会から来た自然保護派のスパイではないか」

と警戒されてしまう。結局、その年は満足な調査はできないまま帰宅することになった。

そうした中にあって、日本野鳥の会の大畑さんはいわば自然を保護する側の現場代表ではあったが、レンジャーとして片野鴨池観察館に赴任するとすぐに猟師の組合に挨拶に出向いた。そして、顔を合わせるうち、猟師と一

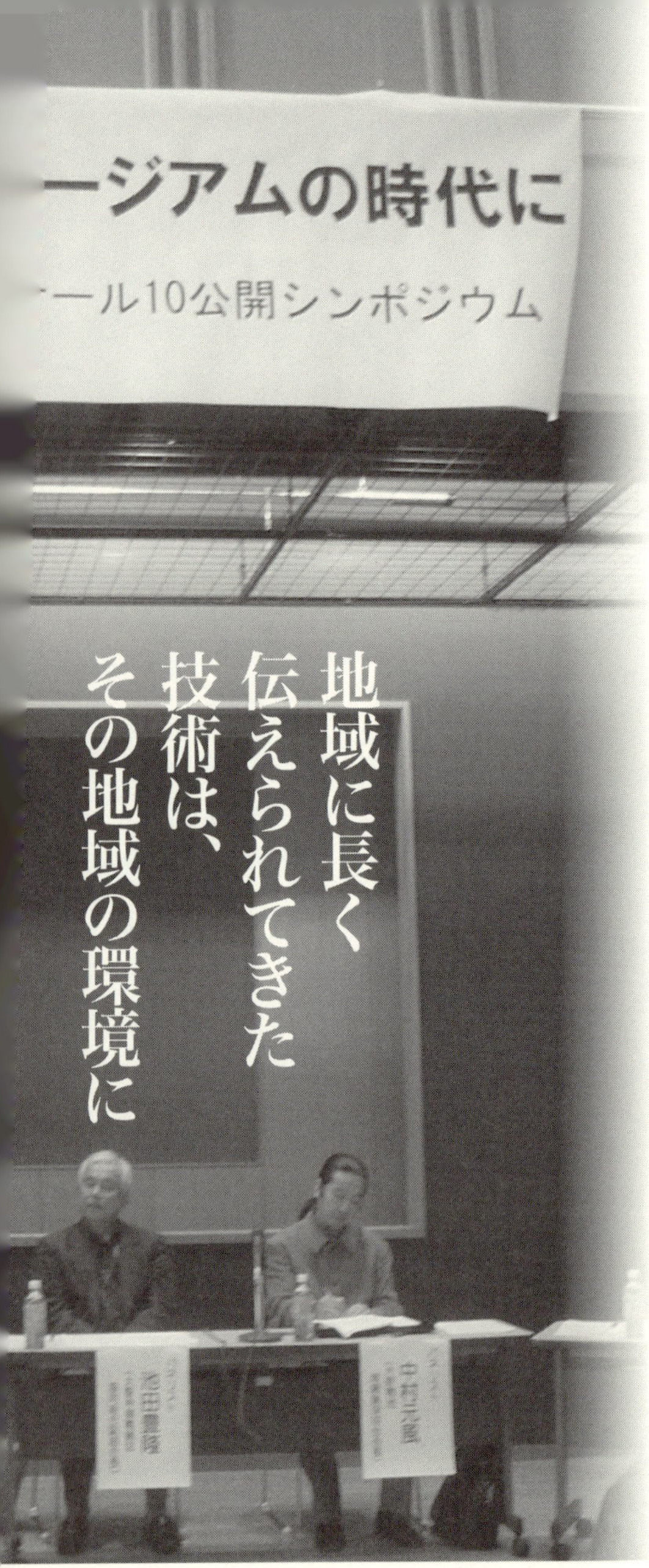

地域に長く
伝えられてきた
技術は、
その地域の環境に

緒にカモを食べながら話をするほどの仲になったという。そのようにして、「捕るだけ、守るだけでは、駄目じゃないか」という大畑さんの言葉が、まさにワイズ・ユースの理念を猟師側と自然保護派側の双方にわかりやすく伝え、対立を解く大きな力になったといえよう。

文化と自然は対立するものではなく、文化を守ることは自然を守ることで

適応的であり、むしろ環境の保全に役立ってきた

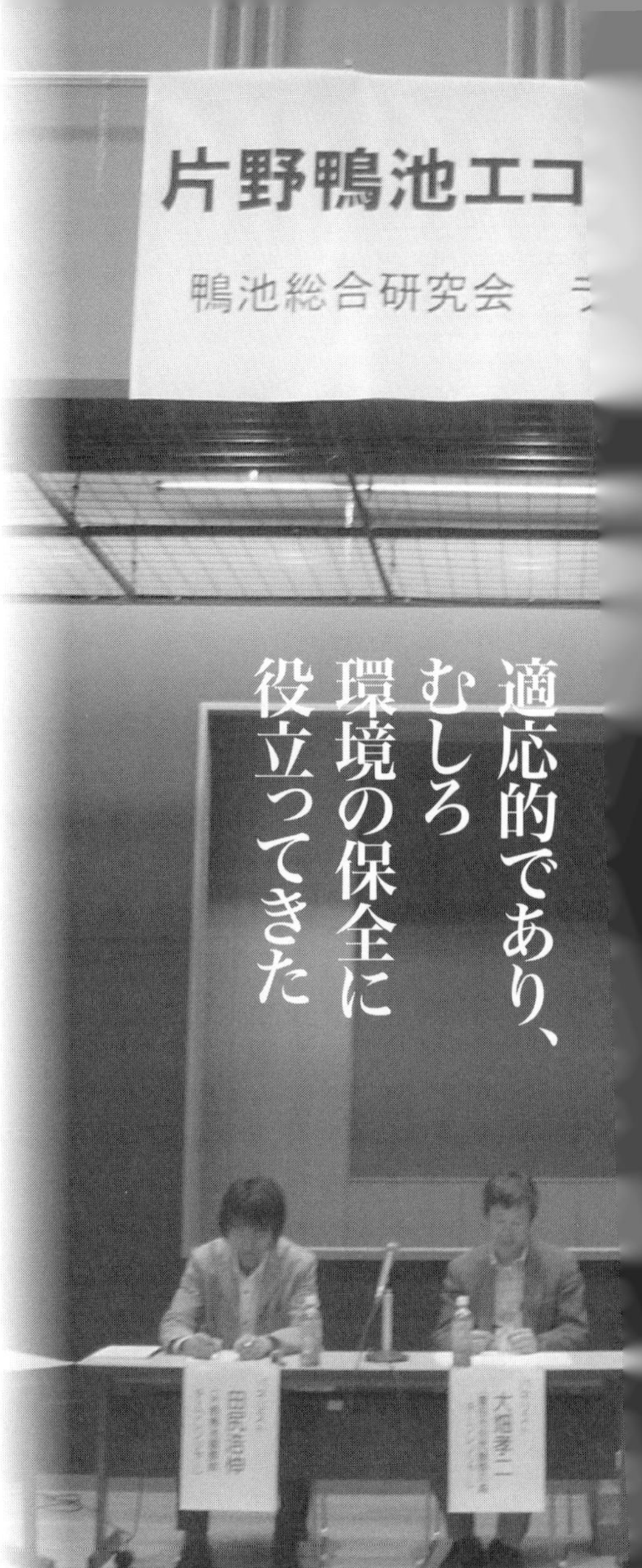

片野鴨池に関する会議に出席する大畑孝二さん（左から二番目）

もあるし、反対に自然を守るというのは文化を守ることにもつながるということを、この言葉は片野鴨池で起こった現実問題を通して私に教えてくれた。

そのおかげもあって、私が二〇〇〇年（平成十二年）に再度片野鴨池を訪れたときには、サカアミ猟をめぐる状況はまさに一八〇度転換しており、その民俗調査はむしろ双方から歓迎されるような雰囲気さえあった。

（安室）

並んで建つ
捕鴨組合の小屋（右）と
片野鴨池観察館（左）

きょうは、たばこねー

井上ケイ子さん、
昭和十八年（一九四三年）生まれ。
魚商人《ぎょしょうにん》（魚の行商人）。
長年通う得意先での会話から。

「だんだん」とは、出雲の方言で、ありがとう、の意味。この日だけで、いったい何回この言葉を聞いただろう。当地では、感謝の気持ちを口にする機会が多すぎて、こんな符丁のような言い方になったのではないかと疑いたくなる。

恵曇と書いて、「えとも」と読む。島根半島の中ほど、日本海に面した漁師町だ。江戸時代に開削された、佐陀川《さだがわ》という八キロほどの運河が宍道湖《しんじこ》へのびていて、これをたどれば松江まで一〇キロあまり。漁港の発展とともに、船を使った魚の行商がさかんになった。

ギョウショウニンではなく、ギョショウニン。漢字にすれば、魚商人となる。船で行ったのは昭和の戦前期までで、戦後はバス。行先表示のところに「魚商人専用」と書かれたトレーラーバスまで運行されるほど、大勢がこれに従事した。そのほとんどが女性。魚商人は、嫁の貰い手も多かったのだとか。お得意さん、つまりは財産を持って嫁に行くようなものだから、嫁ぎ先でも喜ばれたらしい。魚を担い、自分の足で稼ぐ。誇り高き「魚商人」である。

近年めっきり少なくなった魚行商を、今なお続けているという井上ケイ子さんに、一日ご一緒させてもらった。平成二十九年（二〇一七年）五月のことである。

ケイ子さんが魚商人になったのは、昭和四十六年（一九七一年）。軽のライトバンで、松江からさらに南の山あいにある八雲《やくも》へ行ったのが最初だ。このあたりに売りに来ていた人が年をとってやめたあと、誰も来なくなっていたので、とても喜ばれた。その後、得意先も次第に増えて、保冷車を買って本格的に商売をするようになった。

魚市場で仕入れたアジ、スズキ、イサキ、イカ、エビ、自分で加工したアジの干物、キスフライなどを積んで、この日も八雲方面へ。得意先とのつきあいは、五十年近い。

「ここから、門付《かどづ》けです」

車の幅ぎりぎりの道に乗り入れ、言葉どおり、一軒ずつ玄関先で止めては訪ねる。

「おはようございます、今日はどうでしょうか?」

声をかけると、その家の奥さんが出てくる。車の後ろ扉を開け、品物を吟味。横でケイ子さんは「釣りアジだからね、いいのですよ」などと説明。お客さんが選んだ魚を計量し、代金をもらう。

回っているうちに、妙なことに気がついた。お客さんが誰一人として、魚の値段を聞かないのだ。計算はやりとりの最後。そこで初めて金額がわか

だんだん。

お得意さんの家の前で商売する井上ケイ子さん（左）（2017年5月20日撮影）

る。いつものことだから、おおよそ想像はつくのだろうが、ふだん、切り身のパックに貼られた値札を真っ先に見比べながら買い物をしている自分が、いささか恥ずかしくなってくる。

車が入れない細い路地の先に、ケイ子さんが歩いて行く。この家のおばあさんは足が悪く、頼まれていたイカを届ける。代金は千円。おばあさんが出した五千円札におつりを返すと、その中の一枚を再度ケイ子さんに渡し、「魚、なにがいいか聞いて」と、すぐそこの畑で鍬を振るっている隣家のおじさんを目で指す。

「いいのあったー?」とおばあさん。「井上さんにおまかせ」と畑のおじさん。「食べてー」、「だんだん」、「だんだん」。最後の「だんだん」はケイ子さん。飛びかう「だんだん」にびっくりしていると、いつもこんな感じだそう。このおじさんは日ごろから、おばあさんの家の用事をいろいろ手伝ってあげるのだという。

見ているこちらまで、心が満たされる。「門付け」とはよく言ったもので、なんだかケイ子さんが、魚という福を届けにきたエビスさまのように思えてくる。

何軒目だったか、訪ねた家の奥から、「きょうは、たばこー」と奥さんの声が聞こえた。「きょうは、たばこねー。どうもありがとー」とケイ子さんが返す。「たばこ」というのは、「ひと休み」のこと。だが、こんな使い方があったとは知らなかった。お得意さんといえども、いつも魚が必要とは限らない。「いりません」では角が立つので、こう言ったのだろう。じつにやわらかい。断られたケイ子さんも「ありがとう」と感謝の言葉を残して去る。人づきあいに技があるとするなら、この人たちはまぎれもない上級者だ。恐れ入りました、とその場で跪《ひざまず》きたくなった。

この日訪ねた家は、二十軒あまり。日曜と月曜は休んで、あとは曜日によってコースを変える。そんな毎日を、何十年と続けてきた。そもそもの始まりは、自分の稼ぎで子どもに教育を受けさせたい、という思いから。それでも「幼稚園の黄色い帽子見ると、なみだがでよった」という。「ちゃんとご飯食べて行っただろうかー、て思って」。その子どもたちも立派に巣立ち、今はご主人とふたり暮らしだ。

みやげにと、お手製のアジの干物をいただいた。絶妙の塩加減で、魚の甘みを感じる。お得意さんが絶賛していたのもうなずける。

お礼がわりに、写真を何枚か送ったら、電話をいただいた。東京に帰ってから、商売の邪魔になったのではないかと、ひそかに心配していた。すると、「また、行きましょうよ！」と元気いっぱいの声が返ってきた。

早朝の魚市場、仕入れのあと決まって寄ることにしているレストランのモーニング、霞がかった八雲の山並み、そこに住まう人の穏やかな面差《おもざ》し。いくつもの情景が頭の中をかけめぐる。その情景のなかに身を置く自分も浮かんでくる。再訪を約束しながら、心はもう、彼方の出雲に飛んでいた。

（山本）

うめぇ酒飲むにはこれしかねぇ

大場八郎さん、
明治四十四年（一九一一年）生まれ、
宮城県伊豆沼の漁師。
八郎さんが沼へ船を漕ぎ出す際に
言い放った言葉。

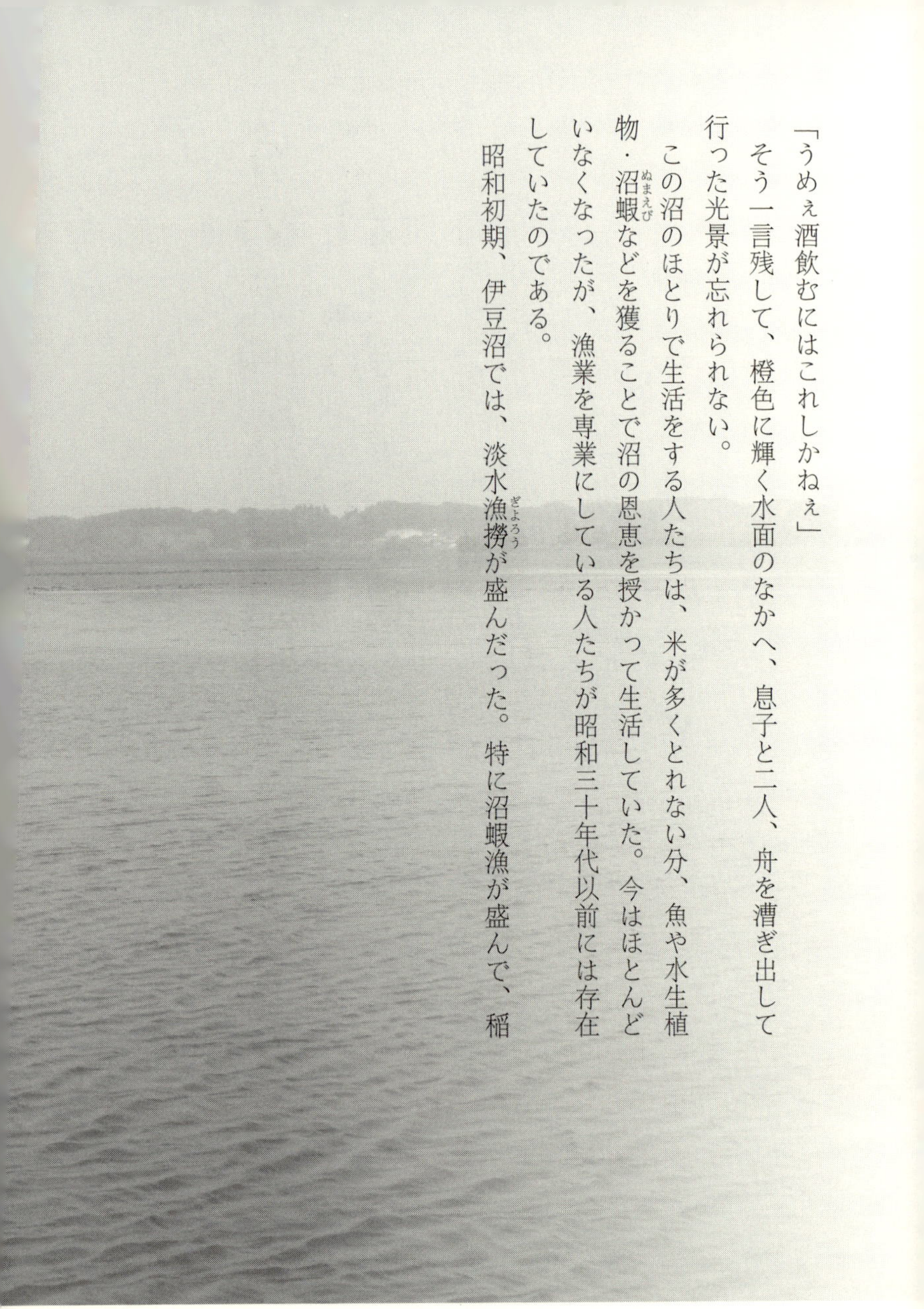

「うめぇ酒飲むにはこれしかねぇ」
そう一言残して、橙色に輝く水面のなかへ、息子と二人、舟を漕ぎ出して行った光景が忘れられない。
この沼のほとりで生活をする人たちは、米が多くとれない分、魚や水生植物・沼蝦《ぬまえび》などを獲ることで沼の恩恵を授かって生活していた。今はほとんどいなくなったが、漁業を専業にしている人たちが昭和三十年代以前には存在していたのである。
昭和初期、伊豆沼では、淡水漁撈《ぎょろう》が盛んだった。特に沼蝦漁が盛んで、稲

伊豆沼の漁撈風景

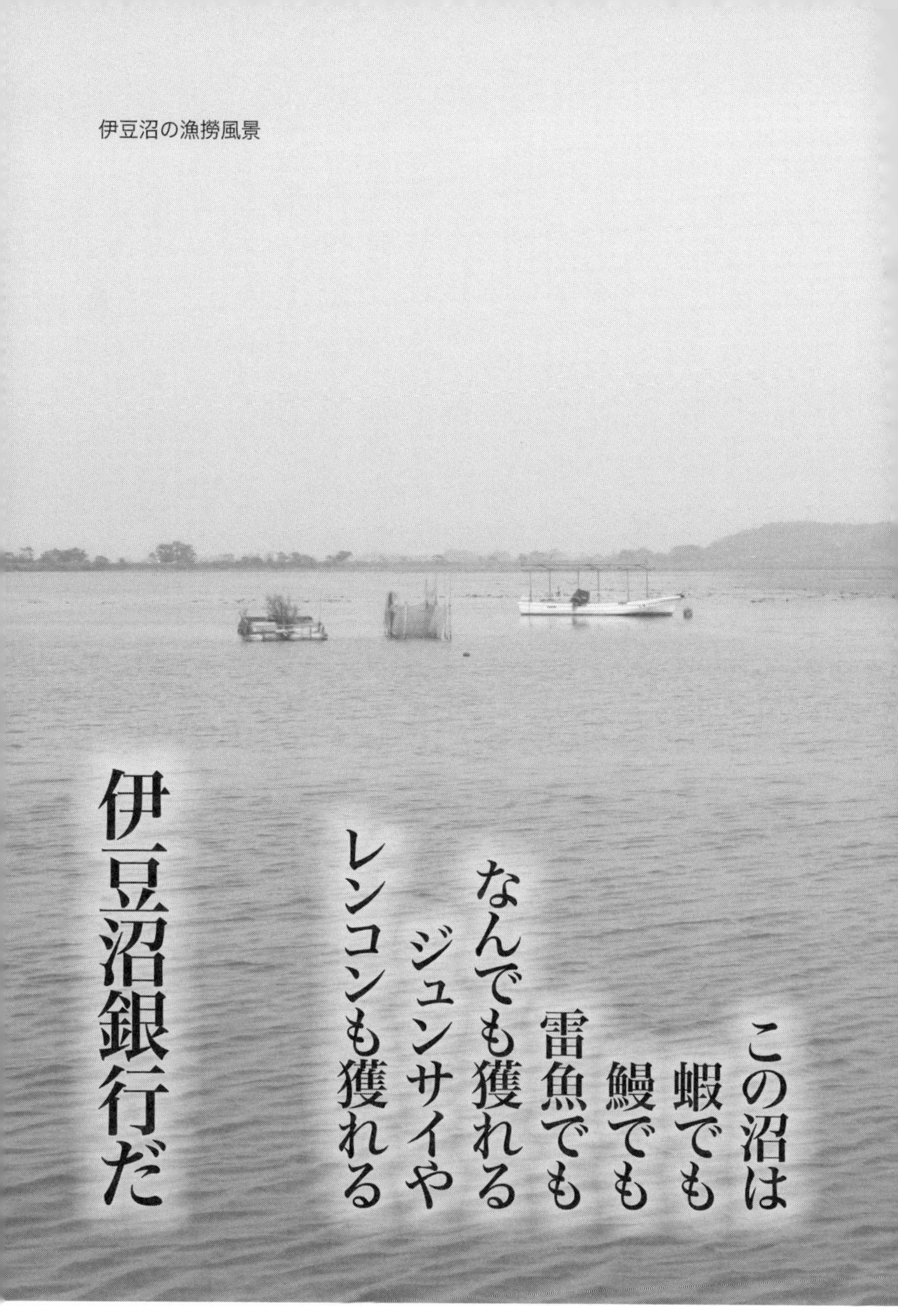
この沼は
蝦でも
鰻でも
雷魚でも
なんでも獲れる
ジュンサイや
レンコンも獲れる
伊豆沼銀行だ

刈り後の十月中旬からスガ（氷）がはる十二月中旬にかけたおよそ二カ月間おこなわれた。仙北鉄道の貨物列車に乗せて仙台圏にも直接流通しており、漁師にとって「伊豆沼銀行」とまで言わしめるほど現金収入が得られる特別なものであった。内陸部に海産物が流通するようになったのは、第二次世界大戦後の自動車産業の発展などによってであり、それまでは、沼蝦だけでなく、鯉・鮒・鯰・鰻といった淡水魚やジュンサイ、ヒシ、レンコンなどの水生植物も一関、築館《つきだて》、古川等の内陸の主要都市や鳴子の温泉街まで沼で捕れたものが行商等を介して流通していたのである。

この話を聞き取りした平成五年（一九九三年）頃には、沼には専業漁師と言われる人はほとんど存在していなかったが、八郎さんは鯉、鮒、鰻、鯰、雷魚などを沼に出ては捕ってきて、庭先にある生簀で泥を吐かせておき、オカズやお酒のつまみとして食べていた。

江戸時代から特産の沼蝦は捕れなくなったが、近くに住む農家の方がお酒（自家製のどぶろく）を持ってきて昼間から飲むのが楽しみだと言う。特にこのどぶろくと雷魚の刺身（湯煎したもの）を酢味噌で食べるのが「こてぇられね」とのことだった。

（車田）

このおじさんが
おるけんちゃうか？

檜垣綾一《あやいち》さんご夫婦。
生まれ育った島を離れて六十年、
今はここがふるさと。

岡山県の笠岡諸島に浮かぶ北木島《きたぎしま》。周囲一八キロほどのこの島の南東部にある中心集落、大浦から、外周道路を反時計回りにぐるっと北西に進んで突きあたったところに、瀬戸という小さな集落がある。

瀬戸は昔からこの島にあった集落ではない。建築物や墓石に使う石材を切り出すために、石屋さんたちが明治のころにひらいた集落だ。

この島で採石業をはじめたのは、他の島からやってきた人びとだった。愛媛県の旧越智《おち》郡、ちょうど、しまなみ海道の島々からやってきた伊予の石屋が中心となって、この島の採石業を発展させていった。なかでも、とくに多かったのは伯方島《はかたじま》や大三島《おおみしま》の人びと。私が出会った檜垣綾一《あやいち》さんも、伯方島の伊方という集落から、戦後、移り住んできた人だった。

大正七年（一九一八年）生まれの綾一さんは伯方島の小学校を卒業すると、すぐに北木島で石屋をしていた親戚のもとで修業をはじめる。一年半ほどカシキ（飯炊き兼見習い）をしたのち、広島県の大黒神島《おおくろかみしま》や山口県の黒髪島などの採石丁場で雇われて、腕を磨いた。石屋は、腕さえよければいろいろな丁場から声がかかる。丁場を移るたびに、給料は少しずつ増えていった。

しかし、戦争へと向かう時代である。綾一さんも徴兵検査を受けると、現役兵として中国に出征する。三年間の兵役をへて帰国するが、再び召集。つぎに綾一さんが配属されたのは近衛兵だった。皇居でのつとめである。

「東京には石を割れるもんがおらなんだけぇ」。天皇陛下のために、皇居に爆風除けの石垣を積んだ、というのが自慢だ。近衛兵の時代のことになると、一時間でも二時間でも話がつづいた。

戦後、綾一さんは、奥さんの父親が北木島で経営していた丁場を引き継ぐことになる。ふたつ年下の奥さんとふたり、トタン小屋での暮らしがはじまった。

戦災からの復興、そして高度経済成長へ。港の護岸、路面電車の敷石、建物の礎石、埋立ての捨石、そして墓石といった石の需要によって、戦後の採石業はかつてない好景気にわいた。とくに北木島の石は墓石としてのブランド化にも成功して、高値で取引されるようになった。綾一さん夫婦も、毎日、日が昇ってから沈むまで必死で働いて、二人の息子を育てあげた。

私が綾一さんのもとを訪れるようになったのは平成十六年（二〇〇四年）のことだったと思う。綾一さん夫婦が北木島にやってきてから、すでに六十年が過ぎていたが、ふたりは採石業をやめたあとも瀬戸に住みつづけていた。

東京には石を
割れるもんが
おらなんだけぇ

石のとられた穴は、大きな池になっている

檜垣綾一さんご夫婦

長いこと
離れておったら
あんまり心安う
なれんけぇな

仮暮らしのトタン小屋は、しっかりとした家に建てかえられていた。けれども、採石業の衰退にともなって、もともと瀬戸に十三軒あったという石屋さんは、綾一さん夫婦のほか一軒を残すのみとなり、廃業した人びとはほとんどが故郷に帰ったり、町へ出たりしていた。

伯方島に帰りたくなることはないのか、そう、ふたりに聞いてみた。すると、奥さんが間髪入れずにこう答えた。「ないのぅ」。伯方島には畑もまだ残っていて、それをいとこに貸しているのだという。それでも帰りたいと思ったことはない、そう話す奥さんに理由を尋ねると、「なんでかのぅ。このおじさんがおるけんちゃうか？」と言って、大きな声で笑った。

綾一さんはというと、少し恥ずかしそうな表情を浮かべながら、「あっちへ往《い》んでも、もう、長いこと離れておったら、あんまり心安うなれんけぇな。どっちもが気兼ねするけぇ」。

お互いの両親もとっくにこの世を去り、伯方島の親戚も世代がかわった。笠岡市内に、自分たちの墓を建てたのだという。ふたりの言葉はすっかり北木島の方言である。

（松田）

十億の仕事を喜ぶより百円の仕事を喜ぶほうがいい

門脇貞子さん、
昭和十四年（一九三九年）生まれ、農家。
花の行商で長年通っている、
得意先の会社での会話。

大根島《だいこんじま》という、一度聞いたら忘れられない島の名を耳にしたのは、平成二十三年（二〇一一年）の七月。鳥取県米子市で、行商人の聞き取りをしていたときのこと。

「大根島から花を売りに来るおばさんがおりますよ」

大根島と花売り。この趣のある言葉の組み合わせがどうにも気になって、その三カ月後、島を訪ねた。

大根島は、鳥取県と島根県の県境に位置する中海《なかうみ》の真ん中にある。隣り合う江島とともに、今では陸続きになっているが、かつては船で対岸と行き来した。約六平方キロメートルの、お皿を伏せたような島である。

門脇貞子さんは、もう四十年近く、松江市内へ花の行商に出かけている。大根島で花売りが盛んになったのは、戦後のこと。それ以前から、中海の魚介類を松江や米子に売りに行く人たちが大勢いた。水田がほとんどなく、山もない大根島では、生活に必要な米と燃料とを買わなければならない。おのずと、現金稼ぎが重要ななりわいとなっていた。

戦後の社会変化とともに、中海の水質が悪化。干拓事業も始まって、豊かだった魚介類が激減する。そのころから、牡丹苗の栽培が盛んになった。と同時に、それを売り歩く行商も、島のほとんどの家が従事するまでになった。貞子さんのように日帰り行商する人もいれば、大きな籠を背負って全国各地に出向き、何カ月も帰らない人もいた。

花売りさんたちの行先は、多くが会社や事務所、学校など。貞子さんも松江市内に、個人宅含めて二〇〇軒くらい得意先がある。

島に通うようになって何回目かのある日、ちょうど商売から帰ってきた貞子さんが、少し高揚気味にこう話した。

「(得意先の会社には)よく買ってくれる人と、まったく買わない人がいるけど、わたし、買う人にも買わない人にも、いつもありがとうございます、ってお礼言って帰ってたの。今日買わなくても、いつ買ってくれるかわからない。いつかは買ってくれるかもしれないって、そう思って十五年間、その人にお礼言い続けてきた。そしたら、今日、買ってくれた。私の勝ちだわね」

とにっこり笑う。

「いつもありがとう、は買ってもらわん人に言わないといけない。ここに来さしてもらってありがとう、っていう意味」

商売を始めたころからの得意先だという松江市内の電気会社が、小口の仕

十五年間、その人にお礼言い続けてきた

明日の仕入れを終えて帰路につく門脇貞子さん（2012年7月9日撮影）

そしたら、今日、買ってくれた私の勝ちだわね

事を引き受けるサービスで、大きな年商をあげるようになった。

「百円の仕事も、十億の仕事も同じ。十億の仕事を喜ぶより、百円の仕事を喜んだほうがいい」とは、貞子さんの商売の極意。この会社では、いつも明るい笑顔を絶やさず、さまざまなお客さんの要望に応える貞子さんを、経営上のお手本とすら考えている。

　貞子さんもまた、自宅で電気工事をするときには、必ずこの会社に頼む。松江市内の個人宅をまわるときにも、さりげなく宣伝する。そうすると、周辺一帯が、その会社の得意先になったこともある。

「買わな、いけんが。花買ってもらうばかりじゃだめ」

交易とはそもそも、別のところに住む人たちが、互いの不足を補って物々交換したことに始まる。時代や形は違っても、貞子さんの商売には、そんな交易の原点が今も生きている。

（山本）

とっぴんぱらり
山椒の実

佐藤タミさん、
明治三十五年（一九〇二年）生まれ。
子どもたちが目を輝かせて聞く、
民話の語り手。

大学四年の夏、秋田県鳥海村（現、由利本荘市）で佐藤タミさんと出会った。地元の人の紹介で自宅を訪ねると、タミさんは縁側に座って数人の子どもたちを相手に昔話を語っていた。一緒になって聞いているうちに、豊かな表現力と聞き手を魅了する独特の雰囲気に深い感動を覚えた。

これが縁で、タミさんの昔語りを聞きたくて何度か鳥海村に通い、七十話ほどのむかし（昔話）を聞かせていただいた。

「私の語るのは、たいていはぁ、まず、おばあさんから聞いたんだなぁ」と話すように、伝承する昔話の多くは、安政五年（一八五八年）生まれの祖母のぶのから聞き覚えたものである。タミさんは十七歳のときに病気で視力を失ったが、結婚後も自分の子どもや近所の子どもたちにむかしを語ってきたという。私が初めてお会いしたのはタミさんが七十歳のときだったが、語りは健在で、子どもたちは目を輝かせて「ばんちゃ、かにこ（猿と蟹の昔話）かたれ」などとせがんでいた。

「むかしあったけどなぁ」と語り始めると、聞き手の心はすっと物語のなかに入ってゆく。子どもたちは相槌を打ちながら、ゆたかな空想の世界を遊泳する。語りが終わると「とっぴんぱらり山椒の実」といって語り納めた。この一言で聞き手は昔話の時空から再び現実世界に立ち返る。この語り納めのことばがとても印象的だった。タミさんはときどき「とっぴんぱらり山椒の実」につづけて「山椒なったらまたおいで、山椒なったらまた語る」と、言葉あそびのように面白い文句で終わることもあった。

昔話は、語り始めと語り終えたときに決まった言葉を添えるのが特徴といってよい。たとえば、語り納め（結末句）には「どんとはらい」（岩手県）、「いちごさかえもうした」（新潟県）、「むかしまっこう猿まっこう」（高知県）など地方色が豊かである。タミさんの語り納めもこの地域の独特の伝承である。

今、各地を歩いても、年寄りが近所の子どもを相手に縁側で昔語りをしている場面に出会うことはまずない。すっかり、過去の光景になってしまった。しかし、かつて、幼児たちのゆたかな想像力は、日々のさりげない昔語りのなかで育まれていたのではないかと思う。

（常光）

おわりに――汽水民俗研究会のことなど

本書を手に取っていただいたとき、あるいは、読み終えたあとで、編著が「汽水民俗研究会」となっていることに違和感をもたれた方がおられるのではないでしょうか。本書とどのような関係にある研究会なのか、本文中では触れる場面がほとんどないので当然かもしれません。

実は、二〇一一年に神奈川大学非文字資料研究センターの共同研究として「汽水域の民俗文化」が組織されました（通称、汽水民俗研究会）。淡水と海水が入り混じる河口の汽水域には、淡水魚とともに海水魚も生息し独特の漁撈《ぎょろう》技術が発達してきました。ここはまた、海と河川を結ぶ交通の要地でもあり、豊かな民俗文化が形成されています。民俗学の視点から汽水文化を研究するのが目的で、研究員は代表の安室知さんを中心に、川島秀一・山本志乃・松田睦彦・常光徹の五名です。

毎年、夏の期間に各地の汽水域を訪ね、地元の研究者の協力を得て調査を進めてきました。昨年のフィールドは、宮城県石巻市から北上川河口で、八月上旬に車田敦さんの案内で歩きました。一日の調査を終え、夕食後に一杯やっていた席でのことです。メンバーの山本さんの提案で、それまで少しずつ検討を重ねてきていた本書の企画が話題にのぼりました。各地を歩いていると、だれにも忘れられない言葉との出会いがあります。それぞれの体験を披瀝《ひれき》しているうちに、ほろ酔い気分も手伝って話が盛り上がり、にわかに企画が輪郭を結び始めました。ぜひ車田さんにも加わってもらって実現しようということになり、出版に向けてスタートを切ったのです。ちょうど一年前のことです。こうした経緯があって、汽水民俗研究会編著としました。

ここに、一冊の書としてそれぞれの体験が寄り添うと、個々の話がおのずと響き合って、新たなことばの輪が生まれました。改めて、六人の出会いの軌跡に想いを馳せながら、私なりの感想を述べて本書の結びとします。

生きていくということは、さまざまな苦難を乗り越えていくということでもあります。第一章「生きるしんどさ」では、移り変わる時代のなかで、逞《たくま》しくそしてしたたかに生きてきた人びとのことばに注目しました。昭和八年、三陸海岸を大津波が襲いました。惨状を目の当たりにしたそのあとに、浜に多くのイカが寄ったそうです。「海は人を殺しもするが生かしもする」（赤沼ヨシさん）ということばは、自然の猛威がもたらす恐怖と、自然の豊かな恵みのなかで生きている現実を確かな目で見据えています。自然のもつ二面性は、台風が来なければサトウキビの収穫は倍になるが、来ないとサンゴ礁が白化してしまう、と語る沖永良部島の山畠貞三さんの話にもうかがえます。この国に住むかぎり自然災害から逃れることはできません。「トラックごと、すぽーんと流された。手間が、いたましい」、夫婦でコンブを商う奥さんの言葉には、言い尽せぬ思いがこめられています。再び一から生活を立ち上げていく。そこには、苦しさを分かち合う地域社会の人と人とのつながりや、夫婦の絆が大きな支えになっていました。「どんなもんでもお客さんが欲しいものを作る」という野鍛冶の千葉久さんのことばを裏付けているのは、職人としての心意気とともに、常に使用者のニーズに目配りし、柔軟に対応してゆくとらわれない発想と信念でしょう。こうした感性や姿勢は、職種は異なっても本書に登場する人たちの生き方の随処に感じられます。

第一次産業が大きな割合を占めていたかつての農山漁村では、日々の生活は身近な自然とのつき合いのうえに成り立っていたといってよいでしょう。第二章「生きるための知恵」は、自然を相手に生きてきた人たちの、体験のなかから生まれたことばの数々です。台風が来る前には「いつもは浅いところにいる海の魚はみな、深いところに潜っている」（伊良波進さん）、「石は割れたい方にしか割れん」（村上安直さん）といった体験談は、一見、平凡なことばのように響きますが、その背後には鋭い洞察力と長年の経験が宿っています。地域の自然と向き合うなかで獲得した知と技は、赤トンボの出現を「ソバマキトンボ」と呼んで播種《はしゅ》の目安にし、また、カモの習性から「カモは松に付く」（池田豊隆さん）と的確に表現するなど、土地の俚諺《りげん》として伝承されている例もみられます。猪《しし》を撃ち、魚介を獲り、稲を育てる、そうした日常はけっして生やさしいものではありません。しかし、語り手たちの「与えてもらえるだけの猟をさせてください」（前川淳也さん）、「そりゃコメこぼしたね」（八十歳代のおばあちゃん）ということばには、自然に対する畏敬《いけい》の念と、豊かな恵みへの感謝の気持ちがにじみでています。

民俗学は、つくづく人との出会いの旅だと思います。第三章「生きて出会う喜び」は、心に残る出会いの一齣《ひとこま》を綴ったものです。「あなたの目の前の伝承を見つめてみては」（松谷みよ子さん）、「少し酒コ飲ませで、いい気持ちにさせてけねべか?」（尾形栄七さん）、この一言で、それまでの思い込みが払拭《ふっしょく》され、さっと視界が広がっていく。目から鱗が落ちる、とはこういう瞬間をいうのでしょう。私自身、先に紹介した石井今朝道さんや佐藤タミさんを何度も訪ね、山の人生やすばらしい昔語りを聞かせていただきました。駅までの帰り道は、心がうきうきするような充実感に満たされ、まわりの風景までもが新鮮に見えた記憶がよみがえります。「頼ってくれてありがとう」（青井安良さん）、このことばには、話す側と聞く側という立場を超えた深い信頼関係が横たわっています。出会いは、ときに寂しい思いを募らせることもまれではありません。高知の街路市でサカキ・シキビを商っていた渡邉功さんが引退して、市にその姿がない空虚感を、山本さんは「どこかにぽっかり穴があいたような思いがよぎる。あのパチン、パチンという軽快なハサミの音と名物翁が、無性に懐かしい」と書きました。出会いの陰には、言い知れぬ別れの光景もまたあるのです。

最後になりましたが、本書の企画から一方ならぬお世話になりました片岡力さんと創元社の堂本誠二さんに感謝いたします。

常光　徹

二〇一七年八月

執筆者紹介

（五十音順）

川島秀一　かわしま・しゅういち

1952年、宮城県生まれ。東北大学災害科学国際研究所教授。日本民俗学会理事、日本カツオ学会会長も務める。著書に『ザシキワラシの見えるとき』『漁撈伝承』『憑霊の民俗』『カツオ漁』『追込漁』『魚を狩る民俗』『津波のまちに生きて』『安さんのカツオ漁』『海と生きる作法』など多数。

車田　敦　くるまだ・あつし

1971年、宮城県生まれ。宮城県大崎市教育部文化財課併産業経済部産業政策課世界農業遺産推進室係長。東北民俗の会常任委員。考古学分野で市内埋蔵文化財発掘調査業務に携わりながら、生業を中心に宮城県内で民俗調査を行っている。

常光　徹　つねみつ・とおる

1948年、高知県生まれ。国立歴史民俗博物館名誉教授。民俗関係の著作に『学校の怪談—口承文芸の展開と諸相—』（ミネルヴァ書房）、『折々の民俗学』（河出書房新社）、『しぐさの民俗学』（角川ソフィア文庫）など。絵本に『たなばたにょうぼう』『じごくにいったかんねどん』（ともに童心社）などがある。

松田睦彦　まつだ・むつひこ

1977年、神奈川県生まれ。国立歴史民俗博物館研究部准教授。著書に『人の移動の民俗学—タビ〈旅〉から見る生業と故郷—』（慶友社）、『柳田國男と考古学—なぜ柳田は考古資料を収集したのか—』（新泉社・共編著）、『〈人〉に向きあう民俗学』（森話社・共著）など。

安室　知　やすむろ・さとる

1959年、東京都生まれ。神奈川大学大学院歴史民俗資料学研究科教授、日本常民文化研究所所員。著書に『水田をめぐる民俗学的研究』（慶友社）、『餅と日本人』（雄山閣出版）、『水田漁撈の研究』（慶友社）、『日本民俗生業論』（慶友社）、『田んぼの不思議』（小峰書店）、『自然観の民俗学』（慶友社）などがある。

山本志乃　やまもと・しの

1965年、鳥取県生まれ。旅の文化研究所研究主幹。法政大学非常勤講師。著書に『行商列車—〈カンカン部隊〉を追いかけて—』（創元社）、『女の旅—幕末維新から明治期の11人—』（中公新書）、『日本の民俗3　物と人の交流』（吉川弘文館・共著）などがある。

民俗学者《みんぞくがくしゃ》が歩《ある》いて出会《であ》った人生《じんせい》のことば
忘《わす》れえぬ38の物語《ものがたり》

2017年10月10日　第1版第1刷発行

編著者……………………………………………………
汽水民俗研究会
発行者……………………………………………………
矢部敬一
発行所……………………………………………………
株式会社　創元社
http://www.sogensha.co.jp/
本社　〒541-0047 大阪市中央区淡路町4-3-6
Tel. 06-6231-9010　Fax. 06-6233-3111
東京支店　〒162-0825 東京都新宿区神楽坂4-3 煉瓦塔ビル
Tel. 03-3269-1051
印刷所……………………………………………………
株式会社　太洋社

ISBN978-4-422-23038-2 C0039

行商列車――〈カンカン部隊〉を追いかけて

山本志乃著　現役唯一の行商列車「鮮魚列車」の同行取材を敢行、鉄道行商の実態と歴史を明らかにする。後世に遺すべき唯一無二の行商列車探訪記。第42回交通図書賞［歴史部門］受賞。1800円

年中行事読本――日本の四季を愉しむ歳時ごよみ

岡田芳朗・松井吉昭著　盆正月や節句など季節ごとの慣習から神社仏閣の祭事まで、現代に生きる年中行事の数々を網羅。その意味や歴史を生活文化に即して平易に解説した読み物事典。1900円

改訂新版 旧暦読本――日本の暮らしを愉しむ「こよみ」の知恵

岡田芳朗著　旧暦と新暦の違いから、二十四節気と七十二候、十干と十二支、十二直と二十八宿、六曜と九星、雑節と五節句まで、暦の第一人者が基本的な仕組みと由来を詳しく解説。2000円

十二支読本――暦と運勢のしくみを読み解く

稲田義行著　十干十二支のおこり、その発展と変遷を中国の歴史からひもとき、年月日・時刻・方位・吉凶および旧暦・雑節など、多種多様な切り口、テーマで丁寧に解説。図版多数。1800円

にっぽん巡礼――漂泊の思いやまず

山折哲雄著　日本人の意識はどのように形成されてきたのか。くらし、祭り、信仰、仏教、美意識……ささやかな日常の情景、遠い時代の風土から宗教学者山折哲雄が自由闊達に読み解く。1600円

日本の聖地文化――寒川神社と相模国の古社

鎌田東二編　古代人はどのような場所を聖地にしたのか。神社はなぜ〝そこ〟に建てられたのか。人文科学と自然科学の最先端の知見を総合して、日本の聖地文化の特性を明らかにする。2400円

聖地再訪 生駒の神々――変わりゆく大都市近郊の民俗宗教

宗教社会学の会編　話題作『生駒の神々』刊行から四半世紀経ち、大都市近郊の「神々」の再調査を敢行。石切神社をはじめ中小寺院、さらには断食・ヨガ道場、占いストリート等も探求。1900円

日本の祭と神賑――京都・摂河泉の祭具から読み解く祈りのかたち

森田玲著　日本の祭のかたちを神輿・提灯・太鼓台・地車・唐獅子などの祭具の歴史から読み解き、京都と大阪（摂河泉）を中心とした各地の祭を探求。祭の本質と新たな魅力を描き出す。2000円

軍艦島の生活〈1952/1970〉――住宅学者西山夘三の端島住宅調査レポート

NPO西山夘三記念すまい・まちづくり文庫 編／松本滋編者代表　未公開写真を中心に、当時の調査レポートや資料を加えて編集、活気ある軍艦島の生活を再現したビジュアルブック。2500円

日本の砿都――石灰石が生んだ産業景観

岡田昌彰著　明治以降、石灰石鉱山を中心に各地に形成された鉱山町を「砿都」と称し、その産業景観にスポットを当てつつ、砿都ならではの歴史と文化を発掘する、新しい工業風土論。3800円

＊価格に消費税は含まれていません。